中学生心灵自助丛书

顾明远
著名教育家、中国教育学会原会长

作序推荐

心灵对话

中学生心理咨询实录

（第三版）

高永金 张 瑜／著

科学出版社

北 京

内 容 简 介

近年来，中学生心理健康问题日益引起社会各界的广泛关注。“中学生心灵自助丛书”立足为中学生提供心理健康知识，使其了解自我，学会自我控制，提高自我调节能力。丛书自2007年出版以来，已多次重印，累计销量近7万册，深受读者好评。

本书素材源自作者在中学一线做心理咨询的实际案例，分为青春滋味、成长心事、学海泛舟、人际在线和生活百味五大主题，突破传统心理咨询个案的写法，对咨询过程加以情节化处理，对咨询案例加以散文式描写，文笔生动，见解独到。希望关注自身心理健康的同学能从中发现自己的影子，进而引发同学们的思考。

本书可以帮助同学们掌握实用的心理技巧，找到走出心理困境的途径，从而达到“助人自助”的目的，非常适合中学生及家长阅读，也可为中学一线教师的工作提供参考。

图书在版编目（CIP）数据

心灵对话：中学生心理咨询实录 / 高永金，张瑜著．—3版．—北京：科学出版社，2021.5

（中学生心灵自助丛书）

ISBN 978-7-03-061065-2

Ⅰ．①心…　Ⅱ．①高…②张…　Ⅲ．①中学生－心理健康－健康教育　Ⅳ．①G444

中国版本图书馆CIP数据核字（2019）第073161号

责任编辑：石　卉　付　艳　侯俊琳 / 责任校对：贾娜娜

责任印制：赵　博 / 封面设计：有道文化

科学出版社 出版

北京东黄城根北街16号

邮政编码：100717

http://www.sciencep.com

天津市新科印刷有限公司印刷

科学出版社发行　各地新华书店经销

*

2010年4月第　一　版　开本：720×1000　1/16

2012年6月第　二　版　印张：13

2021年5月第　三　版　字数：205 000

2025年2月第五次印刷

定价：48.00元

（如有印装质量问题，我社负责调换）

·丛书序·

顾明远
著名教育家
中国教育学会会长
北京师范大学资深教授

当前，中学生心理健康问题已被大家所关注。造成中学生心理障碍的原因很多，有的来自家庭，也有的来自社会。家庭方面，如有些孩子由于备受家庭的宠爱，容易以自我为中心，遇到一些不顺心的事常会郁闷、苦恼；另外，一些留守儿童由于缺乏父母的关爱也容易形成封闭的性格。来自社会的原因也是多方面的，如因为现实与自己的理想不符，会使中学生想不通，产生心理障碍；网络等媒体的负面报道也常对中学生的思想、情绪造成影响；学习的竞争更是让中学生处在重重压力之下，使其心情不舒畅，感到不安宁，终日处于紧张之中。这些都是造成中学生心理障碍的因素。

我曾经看到过一篇报道，说一名女学生中考考了 100 分，但回家后大哭一场。妈妈问她，考了满分为什么还要哭？她说，某某同学也考了 100 分。这种嫉妒心，就是一种心理障碍。还有，某生原来在初中时总是名列前茅，并担任班干部，但考上重点高中以后发现许多同学比他还强，也没能当上班干部，心里有失落感，由自信变得自卑，这也是一种心理障碍。中学生处在身心发育的关键时期，会遇到许多矛盾，特别是在青春期，会产生许多困惑。这些矛盾和困惑如果化解了，中学生就能健康成长；如果不能化解，他们可能就会堆积成疾。因此，对中学生的教育不能只关心他们的学习成绩，更应关心他们的心理健康、人格的养成。教师要关心，家长更要关心。同时，学生也应该有自我控制情绪、调节心理的能力。家长的关心、老师的帮助，也要通过学生的自我调节才能起作用。因此，帮助学生了解自我、调节自我更重要。

“中学生心灵自助丛书”就是为中学生提供心理健康知识，使其了解自我，学会自我控制，提高自我调节能力的一套好书。此书已经试用多年，受到中学生，乃至教师、家长的欢迎。现在即将再版，作者希望我写几句。我觉得实在很需要这样的书，所以写了几句。是为序。

2012 年 1 月 11 日

·前言·

亲爱的中学生朋友，摆在你面前的这本心理健康读本，是“中学生心灵自助丛书”的第二本，也是一本专为你们写的书。为了便于让大家在轻松、愉快的阅读中消化和吸收其中的心理健康知识，我们力图在语言风格上做到通俗易懂，同时还针对这本书的内容设计了一些可爱、有趣的漫画，希望能更符合你们的阅读口味。

我们通过心理咨询室的现场咨询、电话咨询、QQ 在线咨询、电子邮件咨询和信件咨询等方式接待了全国各地的中学生朋友几千人次。同学们的困惑主要集中在以下几个方面（按接待案例数由多到少排序）：学习问题（主要包括学习压力大、考试没考好、上课分心、对学习没有兴趣、没掌握好的学习方法等）；人际交往问题（主要包括与同学、父母和老师的关系问题等）；情感问题（主要包括失恋、暗恋和师生恋等）；中考、高考问题（主要包括考前、考中和考后的困惑等）；等等。本着心理咨询与心理治疗的保密性原则，本书对案例中的人物姓名及细节做了处理。如果哪位读者发现书中人物与自己或身边的人有相似之处，请勿对号入座，更不要张冠李戴。本书案例源自作者近 20 年来的积累，因地域差异和教育政策的不断调整，案例中的某些内容可能会与同学们的实际情况不符。本书在个案撷取时，希望能尽量反映出中学生常见的心理问题，以帮助更多的中学生朋友解除成长中的类似困惑。让关注自身心理健康的同学能从中发现自己的影子，进而引发同学们的思考，这是我们出版本书的初衷。

菁菁校园，莘莘学子，是有一些困惑，还是有一些危机？这本书愿长时间与你做伴，在清朗的月光下，在静谧的草坪上，在淙淙的小溪边，在漫漫的路途中，和你一起探讨很多很多成长中的小秘密。

从事青少年心理健康教育工作近20年来，我们已经陆续在《中国教育报》《现代教育报》《中国特殊教育》《心理学探新》《中国心理卫生杂志》《中国学校卫生》《中国教师》《心理与健康》《大众心理学》《中小学心理健康教育》《中小学心理健康导航》《青少年心理健康》《教育探索》《青春期健康》《高中生》《高中生之友》《素质教育》《广西教育》《中学文科》《中学生数理化》《中学生理科应试》等20多家报纸杂志上发表过80多篇文章，这些文章引起了很多同学的共鸣。我们从几百位同学的来信和来电中获得了许多鼓励与支持，而这也正是支撑我们继续在中学生心理健康教育道路上进行探索和研究的最大动力！因此，无论你是否喜欢这本书，我们都真诚期待你的来信（kingking1971@163.com），我们也很乐意接受大家的批评与指正。因为我们明白，同学们是最有发言权的。

路漫漫其修远兮，吾将上下而求索。

高永金　张　瑜

2020年3月

目录

第一章

青春滋味

段考过后，豪哥班里转来了一位漂亮的女生，一时间班里所有的男生都沸腾了。豪哥也不例外，他喜欢上了既漂亮又优秀的她，相思的种子在心里慢慢发了芽。他现在从早到晚都在琢磨着怎么能让她搭理自己，以致晚上失眠、白天犯困，恶性循环。为此，他只好求助于心理老师。

一、莫名我就喜欢她

引言

一个秋日的晚上，我正独自坐在咨询室内埋头整理着手头上的咨询札记，门突然被轻轻推开，闪进来一个外表高大帅气、表情却略显羞涩的男孩。

“高老师，您有空吗？我想咨询。”

“有啊！请坐！”我热情地接待了他，并立即给他倒了一杯矿泉水。

他站起来接过矿泉水，并连声道谢。

“你是初二（6）班的豪哥吧！”

“您怎么知道？”他很惊讶地反问。

“我给你们班上心理课，怎么会不认识你呢？同学们都叫你豪哥吧！”我笑呵呵地回答。

“不会吧，没想到我这么一个内向的人，老师您也记得我。”他有些激动地说。

“那当然，老师是很善于观察的。不然怎么做心理老师呢！”

“嗯……”

得了失眠症

“怎么样，遇到了烦恼，是不是？”

“是的。老师，我最近老是失眠，而且很严重。我已经快崩溃了，觉得自己得了失眠症。现在，白天我经常犯困，上课很难集中注意力，经常分心，学习成绩直线下降。这让我很烦恼，请老师您帮帮我。”他很着急地说。

“是从什么时候开始失眠的？”

“应该是上周吧！”

“上周发生了什么使你很伤心的事吗？”

“班主任把我们的座位换了，我不想坐现在的这个位子。”

“那你想坐哪里呢？”

“我想坐原来的位子，我不想换座位。”

“班主任为什么要换你们的座位呢？”

“因为我的同桌总和我前面的同学讲话，影响了课堂秩序。”

“哦，原来是这样，那换了以后，不是更好吗？没人打扰你学习了。”

“不，我喜欢和我以前的同桌坐。虽然她有点调皮，但她学习很好，很热情，经常帮助我，我在她的帮助下进步很大。现在我旁边的这位男生成绩差，而且还喜欢讲废话，严重影响我的学习。”

“那你叫班主任换一个学习好的同学坐你旁边不就得了吗？”

“我说过了，他不同意。”

“没关系，我去帮你说。你们班主任和我很熟，我一定能帮你这个忙。”我爽快地答应了他，以为这事就这么解决了，结果他的反应出乎我的意料。

莫名我就喜欢她

“高老师，谢谢您！您即使让我们班主任给我换一个学习好的同桌，我也还是不满意，我喜欢和我的老同桌坐。”他很无奈地说。

“那不行，你们班主任这样安排，肯定有他的道理啊！我不能满足你的要求。”我故意这样说。他一再坚持要和以前的同桌坐，让我觉得有点蹊跷。

“高老师，求求您帮帮忙，您一定行的。您不是说和我们班主任很熟吗？”他露出一副很着急的样子。

“可以啊，但我必须了解你为什么还想和她坐一起的真正原因。你告诉我，我觉得合情合理就可以，如果你连我都不能说服，那怎么能过你们班主任那一关呢？你说是不是啊！”我再次引导他说出真话。

他沉默了十几秒钟后，红着脸、很害羞地道出了他的真实想法：“老师，我喜欢上了我的老同桌。”

“是吗？她知道你喜欢她吗？”我反问。

“她应该知道。平时我们班的男同学经常开我们俩的玩笑。”他不假思索地说。

我紧接着追问他说：“那你喜欢她什么呢？”

“高老师，您又不是不知道，我的老同桌长得很漂亮，刚转来的时候，我们班所有的男生都沸腾了。当班主任把她安排在我旁边的时候，虽然没有表现出来，但是我内心确实是兴奋不已。我心中暗喜，觉得自己怎么这么有福气！从那时开始，我就喜欢上她了。再加上在宿舍的时候，舍友经常避开生活老师的巡房，开我和她的玩笑。玩笑开多了，我都自认了。这次月考，她的成绩也很出色，所以我就更加喜欢她了。”他一口气道出了自己的心声。

“那她喜欢你吗？”

“我也不知道，她和我们班的大多数男生都玩得很好，而且她是很活泼开朗、特惹男生喜欢的那类女生，很多男生都想追她。我现在根本就没有心思学习，晚上失眠，白天犯困。我的成绩下降得很厉害。我现在感到很没面子，真是无地自容啊！高老师，您一定要帮帮我，我现在很苦恼，所以才来求助于您啊！”

我认真、专注地听着他将自己内心压抑多时的苦恼倾诉出来。听他一口气说完这些，我明白了事情的真相。

我对他说：“老师现在很理解你此时的处境和苦恼。首先，正处于青春期的你们，有这样的想法和行为都是正常的，你不必自责。现在关键是要处理好目前的问题。我觉得你目前的问题还是比较好解决的。第一，你们之间还没有任何的公开表白，不存在谁有没有面子的问题。同时，你还

不知道她是否对你有好感。所以，你首先要做的事应该是战胜自己，挣脱思想上的枷锁。你可以默默地继续喜欢她，以她为动力，发奋努力，好好学习，力争超过她，这样她就会对你刮目相看，说不定她长大以后就愿意嫁给你了呢！但是，如果你现在成绩一直差下去，她肯定不会嫁给你的。你也知道这样一个浅显的道理，她不可能嫁给一个不如她的男人吧，对不对？第二，你必须明白，她不是你的私有物，别人都不能碰。你可以这样进行积极的自我心理暗示：如果我们有缘分的话，任何人都抢不去；如果我们没有缘分，我再怎么幻想也是无济于事，还不如好好静下心来努力学习。你甚至还可以这样想：现在我们的主要任务是学习，他们没有把精力放在学习上，以后肯定会吃亏的；我好好学习，将来考好了，会找到更令自己喜欢的女孩子。第三，你必须克服自己的虚荣心，面对现实，而不是一味地虚荣下去、自卑下去、堕落下去。你必须努力使自己振作起来、积极起来、努力起来，把自信写在脸上，把内心交给文字，把忧伤藏在心底。我相信你只要扬起自信的风帆，划动拼搏的双桨，一定会发现一个生气勃勃的你、一个潇洒自如的你、一个成功的你！”

他听完我的这些话后，若有所思地点点头，说道：“谢谢老师对我的理解，我本来还怕您批评我呢！听您这么一说，我轻松多了。原来是我自己背上了虚荣的包袱，而不能很好地面对同学。您说得很对，她不可能嫁给一个不如她的男人。我自己应该努力充实自己，用自己的实力博得她的青睐。”

我拍拍他的肩膀说：“情感的发展是每个人必定会经历的过程，这种经历能让你们渐渐成熟，所以对你的成长来说是好事，但这不能影响你现阶段最重要的任务——学习。老师很高兴你能这么想，老师也相信你能自己处理好目前的困惑，好好努力吧，还有什么困难可以再来找高老师。”

他自信地点点头，恳切地说道：“谢谢高老师！”

尾声

看着他轻松地离开了咨询室，我暂时松了一口气。但情感的问题往往不是一两句话就能化解的，在这个过程中，他可能还会不断地进行内心深处的痛苦与挣扎。我只能帮他提供一个思考的角度，最终还需要他自己用意志和行动走出困惑，打开心结……

辅导后记

青春是多梦的年龄，如果遇见自己喜欢的异性而无动于衷，反倒令人感到奇怪。青春的“白日梦”可以说是正常的心理表现。可是，作为中学生，首要任务是学习，所以还是应该寻找一些有效的方法，适度地控制你的“白日梦”。比如，在日记中抒发你的情感，记下你的幻想和思念，之后销毁，销毁后再写，直到不想再写为止；还可以在运动场上释放能量，以分散对感情的注意力；还可以找一处空旷的场地，高声诉说你的思念，直至口干舌燥为止。当然，在这种宣泄过程中，既会有满足，也会有痛苦。但随着时间的推移，这种感情会慢慢消散，回头再品味往事，也许还会感到荒唐可笑。所以，要有意识地扩大人际交往范围，用广泛的友情替代这种感情。

青春期少男少女在一起产生的异性之间的爱慕，正如早晨初升时的一层薄雾般美好；而一旦酿成了云，酿成了雨，甚至酿成了雷电和冰雹，后果是难以承受的。所以对于青春期异性之间的憧憬和朦胧，最好是保持和维系，而不要走近它。

真情寄语

青春虚度无所成，白首衔悲亦何及。

备战高考正在如火如荼地进行着，他却在这关键时刻陷入失恋的痛苦之中。是就此沉沦，还是发愤图强？他内心思绪万千，难以接受这突如其来的坏消息！在刚得知这一消息时，他仍抱有幻想，于是发愤图强刻苦复习，希望能考上重点大学，力求高考结束后再修复他俩的恋爱关系。就在他化悲痛为力量不到两周时，上帝又和他开了一个玩笑，他看见了自己不想看到的那一幕……

二、天涯何处无芳草

引言

晚上 7 点，我正在阶梯教室聆听校长给高二学生做的心理讲座，手机振动起来，一看是某同事的手机号码，接听后话筒那边传来的却是一位学生的声音。他告诉我，他是高三的学生，有很重要、很紧急的事求助于我，所以借用了老师的手机。但因为他要上晚自习，所以约我晚上 10 点见面（他们下晚自习的时间，也是我晚上咨询的下班时间）。想到他是高三的学生，我就应允了，约他 10 点在心理咨询室见面。

9 点 58 分，他来到心理咨询室。一位高大帅气、身穿运动装的阳光男孩跃入我的眼帘，我热情地招呼他进来。他对我十分熟悉，因此进来后我们便开门见山地聊起来。

高三压力

“高三挺紧张吧！”我主动跟他搭话。

“嗯，很累，而且压力好大，特别是这两天，简直要崩溃了，所以专门来找您寻求帮助。”他爽快地回答我。

“你有什么就直说，我尽力而为吧！”我鼓励他直奔主题。

“高三的这种压力，我本来是能承受的，但现在真的撑不下去了。我觉得自己很笨、很傻！”他很沉重地告诉我。

“怎么会觉得笨呢！高三压力大很正常，成绩波动也是常有的事，别灰心！”我继续鼓励他。

“老师，我现在的压力不是来自高考，而是……”说到这里，我看到他很紧张，眼眶湿润，脸也有些泛红。

“有什么事你慢慢说，别着急！”我安慰他。

我失恋了

他用手将自己额头处的头发猛地往上一捋，长叹了一口气，说道：“高老师，我失恋了！我真的快要崩溃了。您说我怎么这么倒霉，在高三这个关键时刻遇到这种事！”

“嗯，是挺让人难受的。详细谈谈你们的情况。”

“我们已经谈了两年多了，感情一直都挺好的。平时她伤心时，总是我关心她；我难过时，她也来安慰我。彼此一直都对对方比较好。但是，我就是想不通，怎么到了高三，她说分手就分手了呢？”他一直低着头说话，手里拿着一支中性笔，不时地用手扳动笔盖上的扣子，说到最后一句话时，扣子被他扳断了。当时他身体有些颤抖，我看得出来，他很不甘心，同时也很苦恼。

“难道她跟你说分手时，没说原因吗？”我追问。

“她说我们现在高三了，双方的压力都比较大，所以我们各自都好好去复习备考吧，彼此之间不再存在那种关系，任何事情都等以后再说吧！想她的时候，可以给她发短信或打电话，但千万不要打她们宿舍的电话。”他平静地说。

“那后来情况怎么样呢？”我鼓励他继续说下去。

陌生男人突现

“我给她发了几次短信，她也回复并安慰我。有两次我忍不住去找了她，可她身边的女同学都很烦我。我让她们帮我叫她，她们也不肯帮忙，让我自己去叫。这两次见面后，她让我以后不要再去找她了，短信或电话联系比较好。就这样我再也没去找过她，并下定决心好好复习，考取重点大学。正当我化悲痛为力量不到两周时，我在食堂发现了她和一个陌生的男人在一起吃饭、聊天。他们谈笑风生的场面，对我犹如晴天霹雳，让我感到快撑不住了。上帝怎么和我开这种玩笑？我还想着等我考上重点大学后再去找她呢！我慌乱地跑出食堂，反复想，她都与我分手了，她与什么人交往关我什么事啊！但最终我还是忍不住去找了她，问她是怎么回事。她说那是她表哥来学校看她。我都不知道她说的到底是不是真的。这一次我找她后，她给我写了一封信。我一直保留着，现在念给您听，您帮我分析一下！”

沙儿：

反正我们也不会结婚，晚分不如早分吧。高三了，我们真的不能再这样下去了，否则我们两个的前途都将功亏一篑。希望你能理解，并早日走出痛苦。

即便你真的想我了，也请你不要再来找我。希望我们以后只通过短信或电话联系。我真的不希望你再到班里来找我了。真的！我希望我们都能早日忘记过去，真正投入到紧张的高三复习中，考出各自理想的成绩。

如果我们以后还有缘分，那也是高考以后的事情，所以希望你能答应我的这个要求。保重！

祝好！

曾经爱过你的人

“老师，您从我刚才读的这封信里，听出了些什么？”

“我听出了她和你分手的决心。”我直言不讳地说。

他认可我的听后感后苦笑，并急切地问：“还听出了什么？”

“听出了她担心分手后你想不开，所以让你想她时给她发短信或打电话。”

理智面对现实

“嗯，我现在就是克制不住想她，很难受！我很担心这会影响自己的高考复习，所以现在最苦恼的就是怎样能忘记她，静下心来备考。”他很诚恳地说出自己的心声。

“其实你不可能忘记她的。真让你用意志力去忘记她时，你就会发现很难。毕竟与她朝夕相处了两年，哪能说忘就忘了。这是一种理想，即使再洒脱的人也不可能彻底忘掉一位热恋过的情人。你说是吧！”我坦诚地与他沟通。

“老师，您真是太了解我现在的苦闷了，像我这样的案例您是不是接触过很多啊？”

“相当多，结果都一样，只是过程中的细节有所不同。”

“我曾经很多次地想恨她，可就是恨不起来。现在感觉自己的心被掏空了似的，很难受，好像自己被骗了。平时主要是我跟她说的比较多，她很少跟我讲心里话。”

“老师非常理解你现在的心情，毕竟心被掏空了很难受，特别是感觉被骗了以后更难受！但你必须面对这个现实，去战胜它！短时间内你可能很难静下心来，但我相信过不了多久你就会好受些，因为你适应了现在孤独的生活后，就不会念念不忘过去缠缠绵绵的甜蜜生活了。这本身就需要时间，心理学上有一个‘21 天效应’，就是说一个习惯的养成需要三周的坚持，后面就能稳固地习得这个习惯。所以坚持孤独一个月，你目前的状态就会得到改善。你应该感到庆幸的是，这件事情发生在 9 月，如果发生在高考前夕的话，你就更惨了！不过理智的人，应该不会选在那个时候说分手。”

“那如果我又想她该怎么办？我不想再发短信或打电话给她，因为与她联系只能让我更痛苦，而且也不可能有什么结果。”

“打电话给老师，我暂时做你的倾诉对象吧！”

“好吧。谢谢高老师！”

“老师最后送你一句话：天涯何处无芳草，何必单恋一枝花。希望你早日忘记过去，开始新的生活，男儿志在四方，加油！老师相信你一定行！”

“谢谢老师！”他掷地有声的话语让我看到了希望。

尾声

我看着他理智地离开心理咨询室，感悟良多。初恋是非常美好的，少男少女的初恋更是犹如清晨含苞待放的玫瑰一样清新动人。但是这样的感情走到现实中，往往会失掉动人的魅力，甚至给自己和他人带来无尽的苦恼和伤害。案例中的主人公就是一个典型。中学生的恋爱，正如有人形容的那样：它就像是一束塑料花，虽然色彩缤纷，却没有真正的生命力。希望大家都能远离情感的阴霾，让心灵沐浴在灿烂的阳光下！

一首大家熟知的歌曲《小草》送给文中的主人公，祝他早日走出情感低谷。

没有花香
没有树高
我是一棵无人知道的小草
从不寂寞
从不烦恼
你看我的伙伴遍及天涯海角
……

天涯何处无芳草
何必单恋一枝花

辅导后记

亲爱的同学们，感情并不是死拽着就会回来的，也不是眼泪可以打动的。如此纠缠下去，只会让双方都痛苦。有些痛苦注定要一个人承担，但是请坚信，黑暗后会迎来美丽的日出。蹚过痛苦的河流后，应该以最佳的状态示人，因为不知在什么时候，你就会遇上感情里的真命天子。

失恋并不意味着失去一切，不要因为失恋而失去爱与被爱的能力。

真情寄语

"天涯何处无芳草，何必单恋一枝花。"给自己一点信心、一点快乐、一点大度、一点宽容，从容面对，笑看人生。

她是一位漂亮且个子高挑的阳光女孩，性格十分外向。她因为喜欢上了一位“哥哥”而不惜从其他学校转入我校。但转入我校后，她发现梦中的“白马王子”已被多位女孩追求，而且他也并不是很喜欢她。结果，她根本控制不住自己，无法安心上课，最后她近乎发了疯似地说：只要他要我，我宁愿将我的“第一次”献给他……

三、我把“贞操”献给他

引言

刚整理完一天的琐事，我本想放松一下，结果有人来敲咨询室的门。整理了一下情绪，我微笑着开了门。

打开门一看，是一位个子高挑、十分漂亮的女孩，头发还染黄了（属我校禁止行为），是一位很“时髦”的女孩子。她有什么事要咨询呢？还没等我说话，她便很主动地边说边走进了咨询室。

“高老师，我快要疯了，您要帮帮我啊！”外向型的性格表露无遗。表面上看哪里是快要疯了的样子，是她自己夸大了事实。

“没有吧，什么事让你快要疯了？”我接过她的话，鼓励她说。

恋爱受挫

“我喜欢初二年级的一位‘哥哥’，可是他却不喜欢我，我快要疯了！”

“具体是什么情况，你详细说来看看！”

“我是刚从县中学转来我们学校的学生。我转来这里主要是因为我非常喜欢我们学校初二年级的一位‘哥哥’。现在我天天去找他，他却不理我，我非常难受，特地来您这里寻求解决之道。最让我难受的是，他身边有好几位女生在追求他，而且有一位已经开始和他谈恋爱了。我很难受，也很着急！老师，您说我该怎么办？”她十分期待地问。

“静观其变！”我接纳她谈情说爱的行为，并给她出招。

“天哪！我都快要疯了，您还要我静观其变！老师，我做不到！”她直截了当地回答。

“你这个时候只能静静观察，等待时机，否则只会弄巧成拙，坏了你的大事。”我严肃地告诉她。

上课分神

“老师，我真的做不到！您不知道，我这些天节节课分神，根本控制不住自己的情绪和行为，一下课就跑到二楼初二年级他们班教室的外面。

我时刻想看到他、跟他聊天，可是他又不理我。我真难受啊！”她反复表露自己的负面情绪。

“他不理你，你知道原因吗？”我反问。

“不知道！可能是他身边的女孩子比较多吧！”她不假思索地回答。

“真的是这样的吗？直觉告诉老师，好像不是这样吧！”我暗示她好好回忆。

“哦，想起来了。原因是我转来这里之前跟他沟通过，他不同意我转来这里。所以他一直很生气，这才不理我！”她终于想起来了。

“呵呵，这就是问题的关键所在了！你有没有问过他为什么反对你转来我们学校？”我顺着问了下去。

“我当时就问了，他说不想影响我的学习！两个学校离得不远，要见面或联系都很方便，在一个学校反而会惹来很多麻烦，影响彼此的学习和生活。”她毫不犹豫地回答。

“我觉得他讲得很有道理。你怎么就不听呢？现在弄成这样，你开心喽！”我故意调侃她。

“老师，您不知道，我早就听说他在这边有女朋友，因为我不放心这才专门找我爸爸托关系转入我们学校的。他休想骗我，我才不中他这招呢！我就是想看他在这里搞些什么名堂，所以才不顾他的反对转来这所学校。”她一副古灵精怪的样子。

“那他现在不理你，你怎么办？”

我把“贞操”献给他

“我也不知道，所以才来求助于您！您快给我想想办法吧！我跟您明说吧，我真的好爱他。只要他理我，我愿意将我的一切都给他！”她的情绪又开始激动起来。

“你愿意将自己的一切都给他，难道连身体也给他吗？”看见她这疯狂的样子，我的问题也开始直接并且“疯狂”了起来。

“是的，只要他理我，我什么都给，即便是身体也给！”她不假思索地回答。

“天呐，你太夸张了。你把身体给了他，你能保证以后一定会和他结婚吗？”我反问。

“我不管！只要他理我就行。”她倔强地回答。

“要是他是个花心鬼，以后不理你了怎么办？你还能拿什么给他，让他理你？”我严肃地反问她。

“只要他喜欢，我再去给他找其他女孩子！”

她的这句话让我顿时无语！让我这个“80 后”的老师真切地感受到了“90 后”孩子与我们的差别。我思索着应该怎么帮她。

我对她说：“哎呀，如果他讨厌你的话，你再怎么努力都没用。如果你说出刚才那些话，他可能更加不想理你，甚至会鄙视你的，那时你就更惨了！哪个男生会喜欢一个不自尊、不自重和不自爱的女孩子呢？”

“谁说我不自尊、不自重、不自爱了？”她有点生气地说。

“一个连自己的身体都可以随便给人的女孩，怎么算自尊、自重和自爱了呢？”我严肃地批评她。

“老师，您侮辱我的人格！”

“老师没有侮辱你，你也并没有将自己的身体随便给人啊！我是为了你好，目的是在你还没有做出傻事之前泼你一盆冷水，让你保持清醒！！！你千万不要误解老师的意思。”我安慰她。

“嗯，谢谢老师！我也不会真干这种事的。只不过刚才心急了，所以才说出这种放纵自己的话。老师，他现在不理我，您说我到底该怎么办？”她平静了下来，冷静地问我。

“还是我刚才给你说的那句话——静观其变！”

“老师，这样会有用吗？”

“肯定有用，不信你试一段时间看看，顺便找他们班的同学了解一下他现在的想法。做到知彼知己，才能胜券在握！”我肯定地给她打定心针。

“好吧！我回去试试看。”

尾声

回去后，她按照我的做法去做了，取得了很好的效果。不久后，两人开始正常交往。转眼她已升入初二，那男孩升入了初三，紧张的考试压力让那个男孩提出暂时停止与她的密切交往。后来，他们只是偶尔打电话、发短信。最后，这个男孩以优异的成绩考入了桂林市某重点高中。这个女孩正常地升入了初三，可是她的学习就没有“哥哥”那么好了，在年级里基本上是“垫底”的，是年级里两个最调皮女孩之一。

她升入高中之后，我便与她失去联系，现在已经不了解他们的状况了。

辅导后记

咨询完这个案例，我的心情一直比较复杂。异性中学生交往过密的案例我接待了近300例，但像她这样的来访者还是头一个。这个案例让我想起了我以前咨询的几例“失身”女孩的案例，那些天真的女孩在懵懂的时候失去了自己宝贵的“第一次”，尔后又后悔莫及。特别是当那些没有责任心的男孩向她们提出分手时，这些女孩才恍然大悟，但是一切都已为时过晚。她们在我面前痛哭的惨状让我刻骨铭心。我在上心理课，或是在咨询相关异性交往过密案例时，都会在不同的场合将这些案例讲给同学们听。今天在这里分析这个案例的目的，也是告诉所有的青少年读者朋友，如果你是一位女孩，一定要懂得自尊、自重和自爱；如果你是一位男孩，一定要有责任心，千万不要冲动时做了让自己和他人感到锥心的蠢事，更不要以为自己很“强”、很“能干”，甚至把它当成是在同学面前炫耀的资本。否则，你有可能面对难以想象的后果。

最后，送一句话给大家：“冲动是魔鬼，冲动是手铐也是脚铐，是一剂永远得不到的后悔药！”祝大家早日安全、平稳地走出迷茫的青春！

真情寄语

人在年轻的时候，并不一定了解自己追求、需要的是什么，甚至别人的起哄也会促成一桩婚姻。等到你再长大一些、更成熟一些的时候，才会明白真正需要的是什么。可那时，你可能已经干了许多悔恨得让你感到锥心的蠢事。

14岁的青春女孩，夜间走小巷子回家，不幸因遇上色狼而被强暴。在那偏僻的小巷子里叫天天不应、叫地地不灵，只好任人宰割。她受伤后还不敢跟自己的家人说，只能一个人默默坚守心理和身体的伤痛。内心挣扎了很久后，她毅然决定求助心理老师，于是……

四、“不洁”的女孩

引言

正在吃晚饭，我的手机响了，电话那边传来一个女孩的声音：“喂，您好！请问是高老师吗？”

“你好，我是高老师！请问你是哪位？”我回答。

“老师好！我是初二的一位同学，我有些问题想咨询，老师什么时候有空？”她自报家门并询问我。

“每天晚上8点到10点，我都在心理咨询室值班，你可以随时来找我！”我愉快地回答她。

“那我就晚上 8 点准时到心理咨询室找您！”她约了我，很急的样子。

“好的，没问题！我等你！”我爽快地答应了她。

误判女孩

7 点半我就回到了心理咨询室，打开电脑浏览了一下新闻。8 点整，门被敲响，我猜应该是她，于是带着微笑去开了门。打开门一看，一位大约有 1.65 米高的阳光女孩站在咨询室门口。我随即问道：“同学，有事吗？”

“老师好！我就是给您打电话，约您 8 点咨询的那个女孩啊！您忘了？”她惊讶地说。

“你是初二的，不会吧，这么高！我还以为你是高中的呢！呵呵，不好意思，请进吧！我已经等你一阵子了。”我确实没看出她才读初二。

“谢谢老师！”她愉快地走进了我的办公室。

讨厌男孩

几句简短的话语后，我引导她切入正题，便问道：“遇到什么烦心事了？”

“我觉得我们班的那些男生好恶心啊！”她一脸鄙视的样子说。

“他们做了什么让你觉得恶心了？”我反问。

“他们整天在教室里说我们女生穿什么颜色的内衣，平时还经常偷偷地看我们的胸部，有时还有意无意地来拍我们女孩子的屁股。真是恶心到了极点，我都不知道怎么讲他们。”她一副害羞的样子。

“确实很坏！但是也很正常。”我回答。

“不会吧，这还正常啊！”她很惊讶我的回答。

“我说正常，是因为他们的这些行为是进入青春期的一些表征，我带过的这几届初二的同学，基本届届如此，只是程度不同。”我给她解释。

“是吗？但是他们的这些行为让我们女生很反感啊！怎么能纵容他们的这些流氓行为呢？”她激动地说。

“这个我知道，我做班主任时，谁这样做了，我就去找他谈话，教育他。这样的行为就减少或没有了，这也是一种成长！现在你们班的这种情况也要及时向班主任反映，让班主任及时解决才行。”

“我们一直不好意思跟班主任开口，所以才来找您啊！”

“哦，这样吧，我跟你们班主任说，让他去处理吧！”

“好的，谢谢老师！”

心神不宁

“老师，还有就是我上课老是心神不宁，怎么办啊？”她突然转移了话题。

“是吗？你想过为什么没有？”我反问。

“没有，我也不知道为什么，心里痒痒的，整天心不在焉，我都着急了。您说我该怎么办？再这样下去，我的成绩还会往下掉！”她很着急地说。

“你最近有没有发生什么重大的事件，或家里有没有发生什么重大的事件影响你？”我引导她去找原因。

“好像没有啊！一切挺正常的！”她简短地思索了一下回答。

“是吗？那最近一年呢？”我继续追问。

“最近一年，最近一年……”她仿佛在默默地回忆，但一直没有开口。

我没有打扰她，大约过了3分钟，她开始说话了。

我是“不洁”的女孩

“老师，我是个‘不洁’的女孩！我不是个好女孩！”她边说边哭。

“发生了什么事，让你这样评价自己？”我一边关切地问她，一边给她递上去一张纸巾。

“老师，您说我怎么这么倒霉，遇上了色狼！”她继续哭着。

“不会吧，是吗？什么时候发生的事？”我很吃惊。

“大概是9月份的一个周六晚上，我回到姑姑家后出来逛街。晚上9点左右，我买好东西坐公交车回去。下了公交车，我走进回家的那条小巷子。那条巷子比较长，而且路灯比较暗，平时走的人也比较少，因为那里基本属于市郊。我走着走着，突然出来一个男人，叫我站住。我没听他的，撒腿就跑，但是没跑几步就被他抓住了。我大叫‘救命啊’。他捂住我的嘴急忙说，‘你要是再喊，我一刀杀了你，你信不信！’我一下子被吓蒙了，突然就停了下来。我问他想干什么，并且说我没有钱，身上的钱全部买东西了。他却说，你长这么漂亮，我才不要你的钱呢！说着他就开始脱我的衣服。我又大喊救命，刚喊一声，他就把刀架在我的脖子上，我被吓得直流眼泪。那个禽兽的行为我不想再回忆，在那朦胧的黑夜里，我就这样被他‘糟蹋’了。后来，我哭着回到姑姑家，姑姑还没有下班，她每晚都是 12 点以后才回来。我在家里的洗澡房里洗了整整一个小时，不管我怎么洗都觉得自己很‘脏’，怎么洗也洗不干净。有好几次我都不想活了，但是我很想我的父母，所以几次想到了死，后来又都放弃了。”她痛苦地回忆了自己这场不幸的遭遇。

“老师也为你的这个遭遇感到难过。你当时报警了没？”我反问。

“当时我都被吓坏了，回来后想报警，但觉得这样有可能毁了自己的声誉，因此放弃了！”她回答。

“你还记得那个男人的模样吗？”我追问。

“那个地方比较黑，而且那个人蒙着面。我没看清，只记得大概的身高，短头发，穿短裤。那天晚上我刚好穿的是裙子。真是遇鬼了！”她难受地回忆着。

“你怎么一个人晚上出来逛街，我觉得你的父母太不负责任了！”我一方面很同情她，一方面又很生气她的父母不管她。

“我父母根本就不在桂林，而在柳州。我爸是交警，非常忙，很少有空，我妈也在工作。而且他们两个人在闹离婚，闹了好多年，现在基本上是分居状态。他们都不想理我，因此才把我放在姑姑这边的！”她说。

“你父母也太过分了，你告诉他们这件事了吗？”我既气愤又无奈地问。

“没有，我一直不敢告诉他们！”

“这件事，除了你和我之外，还有人知道吗？”

“暂时没有！我根本不敢告诉别人。”

“记住，除了父母外，你千万不要告诉任何人，否则会增加你的压力。你也别担心，除了你和我之外，只要你不说，也不会再有人知道的。”我告诫她。

“嗯，谢谢老师，但是我现在特别讨厌男人，一直觉得自己是个‘不洁’的女孩，平时洗澡时怎么洗也觉得自己不干净。您说我现在该怎么办？”她苦恼地问。

面对现实

“第一，对于你的遭遇我深表同情，对你敢来这里揭露那个禽兽的罪恶，我表示赞许。第二，由于时间已经久远，没有证据，我们可能难以从法律上告发这禽兽。因此，你只能将这件事情埋在内心深处，即使是你将来的男朋友也不能说，就当什么也没发生过。第三，你必须面对这样一个现实，这个现实已经无法改变，不过记得善待自己！第四，你讨厌男人这个问题，我可以通过系统脱敏治疗帮你解决。至于你总觉得自己洗不干净，用森田疗法完全可以解决这个问题。”

“谢谢老师！”

“今天晚上我先给你做一次系统脱敏治疗，下次再用森田疗法给你解决总觉得洗不干净的问题。”

尾声

后面我就给她做了几次系统脱敏治疗，效果还不错；森田疗法的实施对解决她的强迫行为的效果也还可以。之后，我一直追踪她的情况，直到她初三毕业。她整体情况还不错，中考的情况也还可以，虽然没有考上重点高中，但也考上了比较好的普通高中。

辅导后记

有一个女孩被强暴了，非常痛苦，就去找心理学家咨询。一见到心理学家她就哭了，泣不成声地说："我这一辈子都忘不了这件事情，我被毁了……"心理学家当场对她说："这位小姐，你是自愿被他强暴的。在你身上发生了一件不好的事情，就好像看了一场不好的电影一样。你的心里每回忆一次，就相当于又被他强暴一次。天天回想，这不是很愚蠢的事情吗？"

事实上，人的注意力是有限的。当你在注意一件事情的时候，你会忽略其他事情。所以，只要你脑海中的"电影"改变了，你不要再放你不喜欢的那部"电影"，而是去放一部新的、喜欢的"电影"，就很容易改变这种情况。

这个案例咨询结束后，我的心里一直很难受，我对这位女孩的不幸遭遇感到同情，对这个女孩的坚强感到欣慰，对那禽兽的行为感到愤慨！我本来不想把这个案例写出来，思索了很久，决定还是将这个案例公布出来，希望可以引起更多青少年同学的高度警惕和家长们的重视，不要让这样的悲剧重演。任何时候，懂得保护自己是极其重要的。我在接待失身女孩来访时经常感到很痛心，所以今天鼓着勇气将这个案例整理出来，主要目的还是告诫我们的家长和孩子们，同时呼吁全社会保护未成年人。如果大家看了这个咨询案例后，能提高自我保护的意识，我就心满意足了。

真情寄语

逃避不一定躲得过，面对不一定最难受，孤单不一定不快乐……即使在你最悲观、走投无路的时候，也请你记得：永不轻言放弃！

紧张的高考复习刚刚开始，阿秀就陷入了苦恼之中，她的苦恼不是来自高考，而是源自她已经谈了五年多的那段难舍难分的恋情。几次折腾以后，她终于彻底绝望了，但失恋带来的创伤始终没能让她走出情绪的低谷。虽然她已多次被这男孩欺骗，但是她对他的牵挂和依恋始终未能从心底彻底消失。如何才能修补受伤的心，重新燃起希望之火，是摆在她面前的重要而紧急的事。内心长久的苦闷和矛盾让她难以自拔。于是，她终于鼓足了勇气敲开了心理咨询室的门……

五、他是我永远的爱

引言

连续接待了两个来访者后，已经是晚上的9点半。我准备结束今晚的心理咨询工作，正在整理和记录这两个案例时，咨询室的门又被敲响了。

“请等一下！”我应了一声，从电脑前站起来准备去开门。边去开门边在想，这么晚了难道还有人来咨询？打开门一看，一位十分清秀的女孩跃入我的眼帘，个子不高，但一看就是惹人喜爱的那种女孩。我瞬间调整自己的情绪，微笑着问她：“同学，你好！有事吗？”

“老师，您有空吗？我想咨询！”她腼腆地询问我。

“有空是有空，不过快要下班了，我刚咨询完两个案例，现在挺累的。你的问题很严重吗？能不能明天晚上再来！我不是想偷懒，而是怕我的疲惫会给你带来负面影响。”我直言不讳地告诉她。为了让咨询达到更好的效果，一般每天晚上我只接待两个来访者。

“老师，我真的受不了了！”话音刚落，她就哭了起来。

我赶快将她请进咨询室，给她递了张纸巾擦眼泪，同时给她倒了一杯开水。她带着哭腔向我说了声：“谢谢老师！”

她哭了一会儿后，我开始问她：“请问发生了什么事，让你这么痛苦？老师会尽力帮你的！”

遭遇失恋

“老师，您说我怎么这么倒霉，在高三时撞上这种事！”她沮丧地说。

“什么事？你慢慢说。”我鼓励她说下去。

“我和我的男朋友分手了。”

“是谁先提出的分手？”

“我先提出的分手。”

“既然是你提出的分手，那你为何这么难受？”

“老师，您不知道啊，其实我是不想和他分手的，但他太令我失望了。一会儿来哄我，一会儿又去找别的女孩！他是个花心鬼！”

“是吗？那你提出分手是明智的选择！这种男人不值得你去爱！因为他欺骗了你的感情啊！”

“是啊！但是他以前并不是这样，就是最近才开始变的。”

青梅竹马

“我跟他已经谈了五年多，感情一直很好。我们两家是邻居，从小就在一起长大。小时候我没有这方面的想法，可升入初一后，他向我表白了。当时我觉得很突然，但内心深处确实也暗恋着他，所以就同意跟他谈恋爱。由于我们在县城里的同一所初中读书，所以相处得一直比较好，感情也比较稳定。但是升入高中后，他考入了我们县中，我考入了我们学校，从此就开始在不同的学校上课。高一和高二上学期时我们经常通电话和发短信，一直关系不错。但自高二下学期开始，我就听我的同学（现在跟他一样在县中读高中）说，他跟某个女生走得很近，每天一起嬉笑、一起吃饭、一起玩耍，关系非同寻常，很多同学都说他们是在谈恋爱。这件事对我犹如晴天霹雳，我想着不会吧，他在电话里天天跟我说他有多么爱我，以后一定要给我幸福的。当时，我不管三七二十一就给他打了电话，他当场矢口否认，说没有这回事。我说县中的同学都看见了，你还狡辩。他用很多甜言蜜语来哄我，说：‘怎么可能啊，我们感情这么好，我心中只有你，绝对容不下第二个女孩，你放心，不信你来调查，我坦坦荡荡做人，随时接受你的考验和调查。’他这么肯定，我心软了，也觉得不可能。凭我这么多年对他的了解，他不可能是这种花心的人。所以，我当时就原谅了他，还给他道歉了，说错怪他了，请他原谅。他当时说，可以理解我，不会在意我之前的行为。”她一口气说出了他们半年前发生的变故。

“那后来呢？”我鼓励她继续往下说。

男友背叛

“虽然表面上认同了他，但我心里已经开始怀疑他了。后来，我从县中的同学处打听到他交往的那个女孩是哪个班的，叫什么名字，他们一般在什么时间交往，什么时间吃饭。掌握了这些信息后，在没有告诉他的情况下，我利用我们学校放月假（周五下午放学，周六不补课，一个月才放一次月假）的时间去了他们学校。我一直藏在隐蔽处观察，等到中午放学时他终于出现了。但出现的不仅仅是他一个人，他还拉着另外一个女孩的手。她就是我县中同学说的那个女孩。我当时实在是气不过，冲上前去狠狠地给了他一巴掌。一时间他们学校所有的同学都看着他和我。我问他这个女孩是怎么回事，他没有回答。我很气愤地跑离了现场，回到家中痛哭了一场。”

“后来又发生了什么呢？”我继续问她。

修复创伤

“后来他打电话给我，我没有接。周日中午他直接跑到我家里来找我。当时，我没让我家里人知道这些事，情急之下我跟他出来了。其实我根本就不想看见他。他反复给我道歉、认错，希望我给他一次机会。后来，我们来到了县城郊区一座没人的小山上。他给我跪下了，哭着说他已经和那个女孩断绝了关系，从今以后不再与别的女孩发生恋爱关系，一心一意爱我一辈子。在他坚决、诚恳的道歉下，我原谅了他，毕竟我内心一直深爱着这个男人，也不想和他分开。后来我县中的同学告诉我，他的确和那个女孩分手了。我们恢复了以往的电话和短信联系。”

“后来，我们的关系恢复了正常，高二假期我们一起玩了大概半个月。后来我们都要补课，虽然再次回到了各自的学校，但彼此心里都想着对方，不想分开。一段时间的补课后，我们慢慢又适应了分开的生活，都努力地复习以迎接高考。我们觉得这样很好，希望都能考一个好一点的大学。”

“这样不是挺好吗？怎么你又提出分手了呢？”我接着她的话问。

男友旧犯

“是啊！转眼就到了高三，我们都在疯狂地复习。紧张的高三生活让我放松了对他的监管，只是每天打十几分钟的电话。就在这时，我县中的同学又给我打来电话，说看见他跟另一个女孩开始交往，但这次好像挺隐秘，只见他们一起走，没有看见牵手等过密的行为。我的同学只是怀疑他又开始谈新的女朋友。我这次没有发火，也没有给他打电话，而是叮嘱我的同学继续观察他。经过一周的观察，我的同学确定了他们的恋爱关系。于是，我对班主任说家里出了点事，必须要请假回家一天。因我平日一直表现挺好，老师就答应了我，让我早点回来，别耽误功课。我到他们学校，再次在我同学说的那些地方蹲点，结果老时间、老地点，我又发现了让我痛心的一幕，他居然和那个女孩在那里拥抱、接吻。我直接冲上去把他大骂一顿。他不但不承认错误，反而问我怎么会在这里，今天为什么没上课。我没有回答，也没有在他面前哭泣，而是气冲冲地跑开，迅速坐车回到学校。”

“后来他反复打电话来，我都没接，再后来他发短信来向我道歉，我也没有理他。一连几天他都反复发短信来，说自己以后绝对不会再这样了，请求我的原谅！这次我没有原谅他，并向他提出了分手，说我永远不想再看见他！”

“我觉得你做这个决定是明智的，其实在第一次发现他有这样的行为时就应该这样做，但你心软，给了他一次机会，没想到他如此花心。我知道你现在的心情很复杂、很难受！但是事已至此，无法挽回，关键是现在怎么去面对的问题。”我开导她。

后悔恋爱

“老师，虽然我已经提出跟他分手了，但我内心是极其矛盾的，正所谓‘爱有多深，恨就有多深！’我现在真后悔啊！如果再给我一次从初中开始选择的机会，我一定不会谈恋爱，一定好好学习！但是，这已经不可能了。”她悔恨地说。

“其实这也不是什么坏事，青少年不‘折腾’几下自己怎么能长大，怎么能成熟？通过这件事，相信你一定成长了不少，懂得了很多！”我安慰她。

“是啊，但是我不想在这个时候折腾自己！”

“没有人想在这个时候折腾自己，但你选择了谈恋爱就已经为现在的事情埋下了伏笔。幸运的是，事情发生在高三上学期，如果发生在高三下学期的话那就更惨了，所以你不要难过，应该感到庆幸。”我继续安慰她。

重树信心

“老师，我现在该怎么做才能减轻痛苦呢？”她迷茫地问。

“第一，关掉手机，交给班主任或生活老师保存，彻底断绝与他的任何联系，以免你勾起回忆；第二，跟班里现在关系比较好的同学一起玩、一起学习，丰富自己的生活，减少个人独处的时间和机会；第三，将注意力转移到学习上来，抓紧时间好好复习，尽量让自己忙碌起来，减少对失恋的回忆；第四，如果实在忍不住想这件事时，给自己规定时间去想，想完了就彻底结束；第五，紧急时可以再来找老师倾诉，老师会尽力帮你的。任何人遇到这样的事，都会难过一段时间的，只要坚持上面五条，相信过不了多久就会好很多。对你有利的关键是你们不在同一所学校，平时也见不到面，所以影响会小很多；加之高三的复习又比较紧张，相信过一段时间你就会走出迷茫，找到真实的自我。记住，需要时请及时联系高老师。祝你早日走出苦海，重获新生。”

“谢谢老师的帮助，我会按照您的建议努力走出困境。相信我吧，我挺坚强的。”她终于露出了一丝坚定的笑容。

“加油！坚持就是胜利，时间是最好的良药。”

“好的，谢谢老师！”

“好吧，今天就聊到这里，已经 11 点半了，太晚了，我送你回宿舍吧！”

“谢谢老师！”

辅导后记

看着她坚强地走进宿舍楼，我的心终于平静了下来。今晚可能又是她的一个不眠之夜了，遇到这样的事，谁能不伤心呢！

关于中学生恋爱的教育，我们从初一一直讲到高三，不管老师和父母怎么教育，总是有不少同学想去尝试。可能这就是青春该有的模样吧，能折腾、敢折腾、想折腾，压都压不住。就像案例中的主人公一样，后来才醒悟、才后悔。所以对于正处在青春期的同学们来说，没有折腾过，谁也不会知道自己的“斤两”。折腾是精彩的，但代价也是惨痛的。我们自己为青春做了主，也同样为随之而来的代价买了单。对大家来说，青春的折腾会换来对自我的清醒认知，那些欲望、鲁莽、轻率都将随风而逝，而大家学会了对自我的把持，学会了承担责任……这些沉甸甸的东西，让大家终于实实在在地站在地面上，不再飘浮空中。这是心理的成熟，也是成长的升华。我相信，文中的主人公经历这次惨痛的教训后会学会不动摇、不懈怠、不折腾，学会用成熟为折腾买单。我也相信，所有读完本文的读者都能从中获得启发。祝你们早日走出迷茫的青春！

真情寄语

树上的果子是熟的好吃，还是生的好吃？人也像果子，要是有了学问，会做工作，又有养育孩子的能力，就好比果子熟了……要是书还没有读好，工作能力没有培养好，谈恋爱会有好处吗？

第二章

成长心事

奥地利心理学家、精神分析学派的创始人弗洛伊德，通过临床实践表明：个体现在出现的很多心理问题，都可以在他的童年经历中找到痕迹，大多是童年的创伤通过潜意识表现出来。在下面的咨询手记中，这名同学成绩不理想，仅仅是因为她不努力、不专心吗？让我们一起来听听她的诉说吧！

一、我是天下最不幸的人

引言

我像往常一样，坐在心理咨询室等待来访的学生。

不一会儿，就有人来敲门了。我一开门，看见一个满脸忧愁的女孩站在咨询室的门口，怯生生地问：“老师，我有问题想咨询，可以吗？”我热情地请她进来。她进来以后，低着头，没有说话。我连忙倒了一杯水给她，在她旁边坐了下来。我的热情感染了她，她渐渐不再害羞。我关切地问：“老师有什么可以帮你的吗？”她慢慢说出了自己的苦恼。

段考考砸

“高老师，我这次段考考得很不好。我平时上课很容易分心，很难集中注意力，学习效率很低，上课经常睡觉，没有任何学习的动力。我不知道该怎么办。很久以前我就想来找您的，可是一直怕您太忙，所以今天才来找您，请您帮帮我。”谈话的过程中，她一直还是低着头。

“段考没考好没关系，下次考好点不就行啦！”我的直觉告诉我，事情肯定没有这么简单。所以，我接着反问她：“上课分心、注意力分散、学习效率低、上课常睡觉、学习没动力，这种状况在你身上已经多久了？”

她停顿了大约几秒钟，然后说道：“一年了！”

“一年前？那是什么时候？”

“高一下学期。”

“高一下学期之前有这种状况出现吗？”

“也有，只是没有这么严重。”

这句话马上引起了我的注意，我觉得问题可能就出在这里。于是问道：“在高一下学期的时候，你有没有发生什么事情？”

我的这句问话，立刻触动了她，她没有说话，大哭了起来。我连忙把纸巾盒递给她。

拍照风波

她的哭，让我觉得高一下学期的时候肯定发生了什么事情伤害了她。

为了让她把压抑已久的痛苦发泄出来，我并没有马上追问。过了一会儿，她停止了哭泣，沉重地说："老师，我是一个很老实的人，这样一点都不好，我很烦恼。您说我该怎么办？"

我突然注意到，她将对我的称呼由"高老师"转变为"老师"，这个小变化在心理咨询过程中是很重要的一个信息，说明她已经完全进入咨询状态了，此时的她对我很信任。

"老实有什么不好，这是诚实的表现啊，这是每一个人都应该具有的优良品质！"

"优良品质？就是因为这个，我才这么难过啊！"

接着，她一口气把她的痛苦经历全部说了出来。

"我高一时的同桌是个男生，得知他拿手机偷拍我们宿舍的另一位女生后，我将此事告诉了舍友。谁知她听了之后非常生气，将此事告诉了她爸爸，结果她爸爸又打电话给了我们的班主任，事情就此闹大了。有人说，这个问题很严重，我的同桌可能会被开除。于是，我跟我的同桌说，这件事的后果由我一人来承担，请你原谅我。同桌很生气说，'那有什么用，这下你高兴了，我要被开除了'。后来，班主任正式处理了这件事，同桌没有被开除，但要求他公开向我的舍友赔礼道歉。这件事就这么过去了，但它一直影响着我。我本以为告诉我的舍友后，舍友会叫我同桌删掉就好了，谁知这事闹这么大。这件事发生后，我一直很内疚、很自责，还曾经几次想过自杀，但都被同学发现了，她们及时制止了我。后来，老师一直不放心，专门安排了一个与我关系比较好的同学'监视'我。高二分班后，虽然我的同桌和舍友都没有和我分到一个班，但我心里一直很难过、很自责、很痛心、很恨自己，一直持续到现在。"

"听了你的诉说，老师心里也很难过，也很能理解你的心情。这本来不是什么大事，你的行为本来也没错，但因为你的舍友没对你说就将事情告诉了她父亲，同时，班主任的处理方式也没有顾及其消极影响，这些致使你现在很痛心、很内疚。事情已经发生，已经过去，无法挽回，现在唯一的办法是面对现实，调适自己的心理，努力使自己早日走出心灵的沼泽。老师建议你以后尽力从以下几方面去努力改变自己。首先，你应给自己积极的心理暗示，肯定地告诉自己，这件事我的做法是对的，我并没有错；其次，努力使自己变得乐观开朗，这对你来说很重要；再次，你应多结交新朋友，平日里主动与同学打招呼、问好；最后，对于学习来说，不懂的你应该主动问老师和同学，努力把学习成绩提高上来。老师相信你一定能行的。”

“谢谢老师，我会根据您的建议，努力地走出自己的心理阴影！”这次她终于抬起了沉重的头，坚定地说。

此时，我如释重负，以为事情解决了，但我发现她此时并不快乐，脸上没有一丝笑容。我的脑中瞬间回想起她在前面说过，“也有，只是没有这么严重”。难道在她这件事之前还发生过其他事情？我就很认真地问她：“你的学习不理想就仅仅因为这件事？还有其他原因吗？”

在我的这两句问话下，她向我讲述了她的童年生活。

童年遭遇

“老师，您说我这个人怎么这么不幸啊！除了上面的这件事深深地影响着我的生活外，我的家庭生活也很糟糕。”她再次大哭了起来，而且哭得更加厉害了。

这时我才明白，原来问题的根结还在家庭。根据我的咨询经验，关于家庭的问题，一般就是父母离婚、父亲或母亲有外遇、父母经常闹矛盾、小孩与父母闹矛盾等这几方面，我一一问过之后，她均摇头否定。这时，我陷入了沉思，那会是什么呢？她哭了好一会儿后，开始诉说她的不幸。

“我刚满一岁时，就被父母‘赶’出了家门，他们把我交给了我的外公和外婆抚养。我很爱我的外公和外婆，不喜欢我的父母，我与他们没什么共同语言，我回家也很少跟他们说话。”

“那你现在和谁住？在外公、外婆家吗？你父母为什么要把你交给外公、外婆抚养？他们都是做什么工作的？他们为什么光生不养？”显然，我的最后一句问话有些失态，她愣住了。我进一步补充说：“我的意思是他们为什么不亲自抚养你？”

“我现在和我……父……母、姐姐、妹妹一起住。”在说“父”“母”两个字时她挤了很久才说出来。

“姐姐、妹妹？你们家三姐妹？”我恍然大悟，故意反问。

“是的，我姐姐和妹妹从小跟着父母长大，就我跟着外公、外婆长大。他们很少去看我，很少关心我，我根本就不想认他们是我父母。他们不是我父母！他们是大坏蛋！”说着她哭得更伤心了，并且后面几句是吼出来的，情绪很激动、愤恨。

我的心随着与她的谈话一起沉重起来。我基本猜到了，她父母在生了她姐姐后，想生个儿子，结果生出来的是她。于是，她的父母将她交给了外公、外婆悄悄抚养，并继续生育，本以为可能会生个儿子的，结果又生下一个女儿，就是她妹妹。因此，她就成了父母这场“游戏”中的牺牲品。

后来，她还告诉我，8 岁那年，父母没征得她同意就把她接回了家，

妈妈！
妈，你带走吧！
唉！又是个女孩，
我被开除
你很开心吗？
内疚
自责
痛苦
恨
忏悔
难过
孤独
不幸

其实她根本就不想回去。结果回去后，她很孤独，几乎不和她父母说话，也不太爱和她姐姐、妹妹玩，性格变得很内向。

尾声

听完她的童年经历，我尽力地开导她。征得她的同意后，我与她父母取得联系，将她的苦衷转述给了她的父母。她父母也承认确实没有尽到父母的责任，没有给她更多的温暖和关爱，说以后一定要尽力多关心她。同时，我也将她的一些情况告诉了她的班主任，希望班主任能给予她更多关爱和照顾，让班里的同学多宽容、理解、帮助她。通过家长、老师和同学的努力，她慢慢地变得开朗起来了，学习也进步了。

之后的很长一段时间里，我经常与她的父母和班主任联系，了解她的学习、生活状况，及时采取对策给予她帮助。

一年后的一天，我从食堂去教学楼的途中遇到了她，她高兴地告诉我：父母现在对她特别好，她也不那么恨父母了，学习也进步了。她还向我保证，今年的高考她一定会考个好大学。同年 8 月初，我收到了她给我发来的短信："衷心感谢高老师对我的精心辅导，我已经拿到湖南师范大学的录取通知书，如果没有您的及时辅导，我肯定没法自己走出泥潭，也肯定考不上这么好的大学。再次感谢您！最后，我要向全世界宣布：我是天下最幸福的人！"这条短信一直被保留在我的手机里，每每看到这条短信，我总是感到很欣慰……

辅导后记

辅导结束了，但是我想，现在还有不少孩子正经受着由于家庭而造成的伤害，希望这篇咨询手记能给这些家长和孩子们一些启发与帮助。

许多时候，父母不经意间的伤害，常常让我们这些当小孩的苦苦挣扎许多年。但是，这些年来，我越来越觉得，我们自己也有重新审视和抚平童年伤痕的责任。父母有的时候可能给你造成了伤害，但可悲的是至今这些伤害还没有结束，因为你仍然将改变自己的希望寄托在他们身上。

也许昨天是我们没有办法控制的，但是今天，当我们不再是无助的小孩儿，我们每个人就需要为自己的成长负起责任。

真情寄语

若你曾对自己及他人做了一些早期决定，那么在往后的生命中，也只有你自己有能力改变并做出新的决定。

成娟，初三学生，性格活泼、开朗。在中考的前两个月，她割了自己的手腕，不过因伤口并不大，并未引起其他同学的注意。然而，时隔不到一个月，伤口刚刚愈合不久，她再次在原来的伤口处割下了一道长4厘米、深1厘米的大伤口，在医院整整缝了12针。出现这样的突发事件，是因为初三的学习压力过大，还是另有隐情？让我们一起去倾听她的倾诉吧！

二、优秀女孩缘何割手腕

引言

刚接待完一位高三的同学还没5分钟，就又有人来敲门。我开门一看，是一位初三的女孩。由于是5月底，她身穿一件短袖衫。一进门，我就发现她手腕上贴了一块白色的纱布，看是看见了，但并未引起我的注意。我请她进来坐下，习惯性地给她倒了一杯水后，开始了谈话。

“今天的体育中考考得怎么样？”因为初一时我教她们心理课，所以认识她，便这样开门见山和她聊了起来。

“您怎么知道我是初三的？”她很惊讶地反问我。

“呵呵，你们初一时，我不是给你们上过心理课吗？我不仅知道你是初三的，我还知道你是X班的成娟同学呢！”因对她比较熟悉，所以我不假思索地回答了她。

“不会吧，我还以为您上课的班级太多，不记得我了呢！没想到您不但记得我的班级，还记得我的名字。老师，我真的觉得很意外啊！”她非常兴奋地回答了我，而且很激动。

手腕被割

我看到她很开心的样子，觉得咨询应该可以开始了，便问：“怎么样，今天来找高老师想聊些什么？”

“高老师，上周我割了自己的手腕，您看。”然后她就将包扎白色纱布的带子撕开，给我看她的伤口。

“别撕开，别撕开！”我连忙说。因她是女生，我没有用手阻止她。

“没事，基本上要好了，我这周六去医院拆线。”她边说边撕开给我看。

“天啊，怎么会这样！你怎么会割自己的手腕，难道你不痛吗？”我简直被她的伤口给吓住了，一条长长的伤口，密密麻麻缝着线。

“没有感觉啊！好像不痛耶！上周四我很郁闷，所以就割喽！老师，这是我第二次割自己了，上个月我割过一次，这次跟上次割的是同一个地方。”她蛮严肃地回答我。

“什么？第二次割自己了。第一次割的时候没有人知道吗？没有引起你的同学、老师和父母的注意吗？”我反问。

“呵呵，第一次割得很小，没有引起任何人的注意。但这一次可不同了，同学都以为我有问题，父母和姐姐也来了，而且班主任也知道了。他们一个劲儿地认为是因为我在初三的学习压力过大，才这样割自己的。但我感觉这并不是最主要的原因，然而，我也没有弄清楚是什么原因。我姐姐告诉我，当我在很烦的时候，可以用其他方式来发泄。父母也很痛心我的行为，他们要我保证以后不管遇到什么烦心的事，都不要再割自己的手腕了。但我没有办法控制住自己割手腕，反正我觉得不痛，而且很过瘾，割了心里就舒服了。我一直很担心下次还会割自己，所以特意来您这里咨询。”她始终保持着很严肃的表情，偶尔有一丝苦笑。

爸爸常骂妈妈

“不是学习压力，那会是什么呢？最近有没有发生什么让你感到痛心或烦闷的事？”我也被她的说法搞蒙了，便这样反问她。

“反正我觉得不全是学习压力过大的原因，我认为还有一件事情是我爸爸他们都不知道的，这个才是最关键的。我很烦我爸骂我妈，而且是经常性地骂，骂得很难听，但我妈从来都不还嘴，默默承受。”

“那你爸爸和妈妈的婚姻是否正常，都是做什么工作的？”

“正常啊！我爸是个体户，我妈是我爸开的酒店里专门管钱的。”

“那你爸妈感情好吗？”因她回答说正常，所以我故意这样问她。

“很好，只是我爸爸就是这种性格，我爷爷也是这种性格，所以我奶奶很喜欢我妈妈。妈妈经常找姐姐和我出气。总之，我很烦他们两个吵架。”

"那你恨你爸吗？"

"我从来不恨我爸。我爸很喜欢我，对我也很好，我觉得我爸是一个非常伟大的人。他很能干，家里和家族都靠他一个人撑着。我姑姑特别爱赌，而且经常输，都是我爸给她钱，我妈对此很有意见。总之，我爸在这个大家庭里是最能干的。"

从她的谈话中，我感觉他们家是一个很特别的家庭，她一方面很崇拜她爸爸，但一方面又讨厌她爸爸骂她妈妈，内心很矛盾。

爸爸"外遇"

"那你爸骂你妈，是不是你割手腕的原因之一呢？"我把话题转移到问题上来。

"我也不知道，反正很烦他们吵架。一吵架妈妈就找我和姐姐发泄。有一次我妈妈告诉我，爸爸有'外遇'。我难过了很长时间，怎么也不敢相信我这么崇拜、这么伟大的父亲竟然是这样一个人，我很久都不能原谅我爸。但姐姐告诉我：'你还小，不懂大人的事，爸爸这种行为也是出于某种需要。'过了很久很久，虽然现在我已经接受了这个现实，但我感觉到我潜意识里还是接受不了我爸，而且他老骂我妈。我妈要不是因为我和姐姐，肯定已经和他离婚了。"

"我发现你妈妈是一位很伟大的人，能承受很多常人无法承受的事情。但我感觉你爸爸好像从结婚开始就没有喜欢过你妈妈一样。"

"但我从小到大就发现我爸爸只是脾气不好，他们两人的感情一直都很好。老师，跟你说句实话，我现在真的很难接受我爸爸有'外遇'，他在我心里的伟大的形象让我很难接受这一点，虽然已经这么多年了。”她一直都低着头，很严肃的样子。

“你爸爸现在还有‘外遇’吗？”

“他从那时到现在一直都有‘外遇’，我爸爸只有周末才回桂林，其他时间都不在家，他在外地有企业。总之，我一直都无法原谅他，尤其是我烦闷的时候。老师，我跟您说吧，如果上周四的晚上我爸和我妈不打电话来的话，我可能还不会割自己。”

“是吗？为什么？你割自己是在晚上？”我反问。

“我那天晚上很烦，结果他们打电话来，说话语气也是冷冰冰的。到晚上大概 11 点时，我就开始割自己了。”

“天哪，如果不是晚上的话，可能你还不会割这么大吧？”

“嗯，可能吧，上次割就是在白天。”

“你爸妈的电话是谁先打来的？都说了些什么？”

“我爸先打来，我告诉他我很烦，他就冷冰冰地说，‘你只要学习好就行了，有什么好烦的’。他这么一说，我就不想和他说什么了，然后就把电话挂了。后来我妈也打电话来了，大概也差不多吧，就问问学习，然后就挂了。所以那天晚上我特郁闷。加之现在临近中考了，我的成绩又猛降。”

换班主任

“你成绩怎么样？”

“唉，别说了，我本来成绩很好的。但是，您也知道的，我们初三时换了班主任。以前我们班主任对我可好了，她在我们年级Y班亲自说过我是如何如何好，说实在的，只有她最重视我了。现在这个班主任，我从来就没有感觉到他的一点重视和关爱。所以，成绩猛降，我觉得很烦啊！”

“最近的一次模拟考试，你考了多少分？”我追问。

“加上体育一共560多分吧。”

“那还不错，考普通高中应该没有问题。能告诉老师体育考了多少分吗？”

“晕，我已经很烦自己了。我一直都是想考重点高中的，本来是没问题的，您看现在怎么办？体育，我考了29分。”

“考重点高中还是有希望的。29分很不错啊，只丢了1分，是什么项目丢的？”

“投实心球。”

“如果不是因为手腕被割，你可能就是满分了。”

“那是我活该，谁让我自己割啊！”

“也不能这样子说，你其实也不想割自己的，只是无法控制住自己。”我安慰她。

尾声

通过和她长达近一个半小时的交谈，以及后来和她的聊天，我发现她割腕的真正原因是爸爸的“外遇”和父母的吵架给她带来的长久、深远的影响，尤其是对她性格的影响；同时，她由于更换班主任而“失宠”，导致学习成绩的下降也是原因之一；当然，还包括割腕当天晚上父母打来的电话，假如那天晚上她能得到父母的贴心开导，可能就不会割自己了。

其实，她后来告诉我，更重要的是她想通过割自己来报复爸爸的“外遇”和他对妈妈的辱骂，她希望自己的痛苦能唤醒爸爸改掉恶习。于是，我在征得她的同意，并让她给我电话号码的情况下，打通了她爸爸的电话，将这些情况转述给了她爸爸。他说自己也没有想到这些行为会对小孩有如此大的影响，同时他也对我说，以后不会再有外遇，也保证以后尽量少骂她妈妈，并主动多关心女儿。

成娟后来在父母、老师和同学们的帮助下，情绪恢复得很快，考前的复习状态也很不错，考上了当地的一所最好的普通高中。

辅导后记

家长是孩子学习的榜样，父母的言行举止、喜怒哀乐既对子女有直接的影响，又决定着孩子身心发展的方向。案例中成娟的表现就非常典型，父亲的一言一行都对她产生了直接的影响。

现实生活中，父母总是用自己的思想去体会孩子的心情，“以大人之心，度孩子之腹”。因此，尽管他们对于孩子的种种物质需求尽量给予满足，但父母给予的往往不是孩子真正需要的，所以仍然不能够使孩子快乐，有时甚至给他们造成了很多心灵上的痛苦。我相信读了这个案例的父母会有所思考和收获。

在这里，我要特别对同学们说的是，尽管父母对我们的影响很大，但我们必须在成长中学会独立，尽量将父母对我们的影响，特别是那些负面的影响降到最低，否则吃亏的还是自己。

真情寄语

如果你觉得不幸，永远有人比你更不幸。当我们看到比我们更不幸的人，我们还有什么理由抱怨呢？

郝文燕，女，12岁，初一（3）班学生，父母在她出生后两个月便离婚了。她由外婆带大，8岁那年外婆去世。之后，她跟妈妈住在一起，爸爸负责给她零用钱。在她的内心深处没有体会到什么是父爱和母爱，“爸爸”和“妈妈”也仅仅是表面上的称呼罢了。她坦言，她对她的爸爸和妈妈根本谈不上爱！让我们一起去聆听她的倾诉吧！

三、走出心灵的沼泽

引言

2004年10月11日下午，两位同学找到我，说她们班有位同学失恋后急需帮助，问我什么时候有空。我叫她们晚上8点到心理咨询室来。晚上，两位同学带着郝文燕如约而至，之后她们俩就先回教室去了。我给郝文燕倒了一杯开水，咨询就正式开始了。

“不知道老师能帮你什么？”我主动询问。

“我不知道怎么说。”看上去她有些焦虑。

“你怎么想的就怎么说，不用有什么顾虑和担心。在这里谈论的一切都是保密的。”我试着鼓励她说下去。

心理课风波

“老师，都是因为你今天的心理课。”她一脸严肃地对我说。

今天我在他们班上心理课，主题是“班级是个大家庭”。我让他们做了一个“冲出包围圈”的游戏，之后就游戏展开了讨论和交流。“冲出包围圈”是一个很简单的游戏：12个同学围成一个圈作为“包围者”，里面有3个同学作为“突围者”，“突围者”都冲出包围圈才算获得成功，否则“包围者”胜利。

她的话让我很惊异，便问道：“今天的心理课怎么啦？有什么问题？”

“您叫我们做那个‘冲出包围圈’的游戏。我被其他同学挤到与男生的交接处，与一位男生拉了手，这位男生是我好朋友的男朋友。他拉了我的手后，其他女同学就在议论我与那男生怎么怎么样。结果，我去给我的好朋友道歉说：‘那只是游戏而已，我又不是故意的’。我好朋友说她没什么，但我看得出她生气了。老师，我不想失去这位好朋友，她很了解我的。”

“这位好朋友与你是什么关系？”我顺着问了她一句。

“她和我以前都是同一所小学毕业的，当时她在2班，我在1班。”她回答。

“原来是这样。既然你们是好朋友，她又很了解你，那为什么她不原谅你？你是不是真的喜欢你朋友的男朋友了？”我问。

“老师，没有！怎么可能！是这样子的，那个男生很受我们班女生的欢迎，因为他对人很好。他坐我后排，我的同桌就是我的这位好朋友，您说我怎么可能！”

“真的，没骗高老师？”因为她的朋友来找我时说是咨询失恋问题，所以我就这样反问了她。

“我怎么可能骗您！是真的，我根本就不喜欢他。”看着她一副无奈的样子，我感觉到她说的的确是真话。

说到这里，我就回到原来的话题上来，问她：“那你现在打算怎么对待你好朋友呢？”

“不知道，所以来找您了。”

“你已经向她道过歉了，再说这本身就是个游戏而已。如果她真在乎的话，你就暂时与她走远点，等过两天她气消了以后，你再去找她，可能就没事了。但是以后要注意避免再出现这种问题。”我给了她一个简短的建议。

“哦，老师，我知道了，谢谢您！”

产生幻觉

我原以为这个案例可能到此就结束了，可是我观察到她有些不对劲，所以我一直也没说咨询可以结束的话。没过几秒钟，她又对我说：“老师，有个问题我不知怎么对您说。”

“什么问题？你怎么想就怎么说。没关系，你想好了再跟我说吧！”我再次鼓励她说下去。

“好吧！让我想想。”她沉默了大约一分钟，然后对我说：“老师，我一个人走的时候总感觉后面有两只眼睛盯着我，我经常会回头看看，结果什么也没有。但是我如果不看，就会觉得后面有两只恐怖的眼睛瞪着我。”

她的这些话，让我大吃一惊。职业敏感顿时告诉我，问题现在才真正开始，早恋问题是她对朋友撒的一个谎，而之前的这么多话都是她在试探我。我迅速做出反应，紧接着问："你出现这种情况多久了？"

"小学毕业的假期就开始了，开始我只是晚上害怕，可现在我只要一个人走路，即使是白天也出现这种情况了，就感觉到后面有两只眼睛狠狠地在瞪着我，我真的好害怕。"她惊恐地说。

"两只眼睛？"

"是啊！"

"那你为什么会怕这两只眼睛呢？这两只眼睛代表什么呢？"我追问。

幻觉病根

"我感觉这两只眼睛像我们班的同学。"

"为什么呢？"

"因为我很怕他们说我的家事。"

"你的家事？"

"我爸妈在我刚出生两个月时就离婚了。"

"你爸妈现在在哪？都在干些什么？"

"我爸在外地到处跑市场。我妈和四个老板一起开了一家旅游公司。"

"他们两个都各自再婚了吗？"

"都没有。我爸找了很多个女朋友，但一个也没成功。我妈与一个男人交往了很多年，从我记事时他们就在一起了。"

“为什么你妈这么多年还没与那个男人正式结婚呢？”

“那个男人有老婆和儿子。”

“哦，那他对你好吗？”

“还可以，可是我不喜欢他。”

“那你现在住在哪？”

“跟我妈一起住。”

“你的学费谁给你出？”

“我爸爸。他负责我的经济支出，我很少能见到他，他只管给我钱。他总是说我还小，还不懂事，其实我爸根本就不了解我。而且他还说，为什么总是要他给钱？”

“你爱你父母吗？”

“谈不上爱，我已经麻木了。以前老师叫我写关于妈妈的作文，我写了几次都不合格，我看了许多这方面的文章，可还是写不好。”

“你没有亲身经历，写不好也很正常。你现在有什么打算吗？”

“没有，他们给我钱，我就读书，其他的暂时没想过。”

走出困境

说完这些后，我引导她回到先前的问题上来，就问：“你既然怕那两只眼睛，那在你的童年有没有被什么惊吓过？”

“嗯……”想了一会儿，她豁然开朗，然后说：“想起来了，很小的时候，我被我表哥吓过一次，那次差点把我吓死，从那以后我就很怕黑或怕鬼。”

“那就对了，你现在怀疑有两只眼睛在后面盯着你，表明你疑心比较重，加之以前被吓坏了，所以这在你的潜意识里留下了很深的印象。”我帮她分析。

“我的确疑心很重，我不相信这世界上的任何人。”

“你与同学走的时候也是感觉后面有两只眼睛盯着你？”

“和同学在一起走时就没有！”

“那就好了，以后多与好朋友一起走，尽量不要一个人独行。”我建议她。

“好的，知道了，谢谢高老师。”

尾声

“对了，老师，我现在特烦我们班的同学说我的家庭背景。”

“他们怎么知道的呢？”

“我们班有许多同学的父母是离异的，他们说了自己的家事，我也就跟他们说了我的家事，结果就传开了。而且他们经常说要多给我爱和温暖，我觉得好烦。”

“同学说要多给你爱和温暖，其实是他们对你好的表现，只是不应该这样表达，所以才把你惹烦了。但是你要理解同学的好心啊！”我宽慰她道。

“哦，知道了，谢谢老师！”

“不用谢，以后有烦恼时常来高老师这里，好吗？”

“好的，我一定常来。”说完，她愉快地离开心理咨询室。

辅导后记

这个案例咨询结束后，我的心久久不能平静，觉得离异家庭子女的心理问题是一个比较棘手的问题。他们从小缺乏完整的父爱和母爱，所以总是出现这样或那样的问题。针对郝文燕的情况，我对她的班主任说了，叫她多给这位学生一些温暖和爱；同时，也叮嘱她身边的几位好朋友多给她一些温暖和照顾。从郝文燕的班主任处，我获得了她家长的电话，并与家长做了较长时间的沟通，家长也自觉愧对郝文燕，答应我以后多关心孩子。在各方的努力下，郝文燕各方面进步明显，幻觉也明显减少，现在变得开朗许多，我这颗一直悬着的心总算放下了。希望这篇文章能给那些离异的家长一点教育孩子的启发和思考，我便足哉！

真情寄语

苦难是人生的老师！

他从小学习成绩优异，生活较为幸福。然而好景不长，就在他读小学的时候，母亲意外死在他姨娘家附近的河里，几天后家人才找到母亲的遗体。上天真是捉弄人，就在他读初一的时候，他的父亲也因脑出血离他而去。从此，失去父母的他，与姐姐相依为命。通过自己的努力，他以优异的成绩考上了当地的县中。目前，已经快要高三毕业了，他却经常无缘无故地双腿发颤。这让他很苦闷，于是他拿起电话拨通了我的心理咨询热线……

四、成长的心灵不该太沉重

引言

刚处理完班里一个学生的问题，我一屁股坐在咨询室的沙发上，想要休息一会儿，热线电话突然响了起来。

“喂，是高老师吗？我想咨询，可以吗？”接听后，话筒的另一端传来低沉的男孩的声音。

“我是高老师，现在可以咨询。”我回答。

通过口音我判断出这位学生是外省的，便问：“你从哪里打来的电话？”

“我是江西省 ×× 市 ×× 县中的一位高三理科班的学生，我现在遇到了一个很苦恼的问题想找您咨询。”他仍用很低沉的声音回答。

“什么苦恼？你别着急，慢慢说，高老师会尽力帮你解决的。”我鼓励他说下去。

他迟疑了几十秒钟后，开始诉说他的苦恼。

双腿发颤

“我上课时，双腿经常无缘无故地发颤，这已经严重影响到我的学习，成绩也直线下降。以前我的学习挺好的，现在已经很差了。我这次打电话就是想让您帮我解决这个问题。这件事情让我很烦恼，高老师，您一定要帮我，我求您了！”他不假思索地一口气说了出来。

“上课时，双腿无缘无故发颤？”我随即反问。

“嗯，已经很久了。”

“双腿发颤，你能看得见抖动吗？你自己是否有明显的知觉？”我追问。

“有啊，我能明显地感觉到，想控制都没有办法。以前没这么明显，所以我没有在意，现在很明显了，严重影响我上课，我经常因为这个分心。”

“很久了？你最开始是什么时候有发颤这种情况的？”

“最开始是在初三吧。那时没有在意，我的学习也蛮好的，所以才考上我们县中。”

“初三？”

“嗯……”

“那在初三时或初三以前，在你身上发生过什么重大事情吗？”职业敏感告诉我，他双腿无缘无故发颤一定有原因，我便从他最初开始有情况时问起。

父母双亡

他沉默了大约一分钟，仍没有说话。我意识到了问题的严重性，便鼓励他说：“有什么伤心事，你尽管说，或许对解决你的问题有用。”

“高老师，我是个孤儿，我父母都已经去世了。”他突然一下子哭着告诉我。

“什么，你父母都已经去世了？”我心一颤，他的声音在我耳朵里不断回响，我简直不敢相信自己的耳朵。

“嗯……”他哭得更加厉害起来，根本就无法控制自己。

我的心情也跟着沉重起来，一时间不知道说什么好。我知道此时是该让他发泄的时候，这样的事情虽然已经过去了很多年，但毕竟对他来说还是一个不愿面对的心灵创伤与现实。

过了一会儿，他渐渐停止哭泣。

“你父母是怎么去世的，能把详细经过说给老师听吗？”我开始反问。

“我妈妈在我九岁那年就死了，那时我还在读小学，听到这个消息，我根本不敢相信，所以我哭得很伤心。当时我就发誓一定要好好读书，不辜负妈妈对自己的期望。”

“那你妈妈究竟是怎样去世的呢？”

“她是在我姨娘家死的，死了几天后才在河里找到的尸体。”

“在你姨娘家死的？你姨娘是你妈妈的什么亲戚？怎么会在她家死？”一连串的疑问在我脑中旋转。

“我姨娘是我妈妈的亲妹妹。我妈妈为什么死在她家，我们至今还不明白。现在我们和她家相互仇恨，没有任何的来往。”

“你妈妈的亲妹妹！那是很亲的了。怎么会发生这样的事？这里面一定有原因，你们应该找他们理论去。”

“唉，那时我很小，根本就不知道！”

“那你爸爸呢？他又是怎么回事？他难道也不管吗？”

“那时我还很小，也不知道这些，之后也一直没过问过。”他无奈地回答。

“你妈妈去世后，当时你的老师和同学对你怎么样，他们对你好吗？”我接着问。

“他们都很关心我，经常来安慰我。可是我很少理他们，因此变得很内向。”

“那你爸爸又是什么时候去世的呢？”我反问。

“我初一的时候，他是得病死的。”他沉重地说，然后长长地叹了一口气。

“得病死的？得的什么病？”我追问。

“脑出血！老师，为什么我这么不幸？上天为什么要对我这么不公平？很多时候我都想到了自杀，不想在这个世界上活下去了。”他不断抱怨着。

“老师听了以后，心情也很沉重，真为你的不幸而痛心。”我关切地说。

“不过，这个世界总是相对公平的，他让你在这方面痛苦，一定会在其他方面让你快乐的。你以后一定会有很大的成就。”我鼓励他，但说完以后就有些后悔，感觉自己说的话很虚伪。

“公平？！我现在很自卑！根本就不跟同学交往，性格变得很孤僻、内向。”他很愤恨地反驳。

“老师很理解你！也很为你的遭遇感到惋惜。但事已至此，抱怨也无济于事，只有面对现实。其实，你很坚强，你能好好地走到今天已经很不容易了。老师很敬佩你！”我尽力安慰着他。

“其实，这个世界上不幸的人有很多，但他们都能通过自己的努力获得成功。比如，我们教材上讲的张海迪就是一个典型。还有，2007 年春节联欢晚会上的舞蹈《千手观音》也再一次给了我们心灵的震撼。难道她们幸运吗？现在虽然你父母不在了，但你自己很健康啊！相比之下难道不也是一种幸运吗？”我进一步说。

“嗯，也是！我也应该通过自己的努力和勤奋争取成功的！”他坚定地说，声音明显变得有力起来。

“我相信通过你的努力，明年你一定能考上好的大学，将来一定能有所作为！”我进一步鼓动他。

“谢谢高老师的鼓励！”他很诚恳地说。

此时，我微微感到了一丝轻松，然而，我突然想起了一个问题，那就是他现在由谁在负责监护，各方面的费用由谁承担，便问道：“你现在的学费、生活费以及各方面的开销由谁来给？”

“是我姐姐！”

“是你亲姐姐吗？”

“是的，她已经结婚了！由我姐姐和姐夫负责。”

“结婚了，你姐姐大你几岁？”

“六岁，我的所有一切都是姐姐和姐夫负责的，他们对我很好！”

“是吗！你姐姐太伟大了。”

“你的亲戚管你吗？”我追问。

“不管。我们关系一般。”

“像你这样的情况，政府没有补贴吗？”我接着问。

“以前没有，从今年上半年开始有了！”

“哦！你现在的班主任和老师对你好吗？”我将问题转移到了他现在的学习上。

“好！还可以。就是我现在双腿发颤很影响我的学习，我很担心。”

“你觉得你的双腿发颤与你父母的去世有关吗？”

“有！”他很肯定地说。

“你父母的这个问题已经是现实，现在关键的是处理目前导致你双腿发颤的其他原因，你想想看，还有哪些可能的原因呢？”

高三压力

他想了大概 20 秒钟后说：“我现在的压力很大，我姐姐和姐夫对我很好，我的学习成绩不断下降，让我觉得很对不起他们，心里很愧疚。同时，班主任和老师们对我的无形的压力，以及同学之间潜在的竞争压力，还有我对自己的要求，都使我很紧张。我觉得它们都是导致我双腿发颤的原因。我现在很自卑，也很担心高考，可越是这样，双腿发颤的力度越大，恶性循环，真的受不了了。所以，我才打电话求助于您，希望您能帮我解决这个问题。”

听他说完后，我不难发现，临近高考的紧张和压力是导致他双腿发颤的主要原因。要减缓或消除双腿发颤的行为，首要任务是帮他减压。因此，我告诉他一些减轻高考所带来压力的方法，供他参考。

第一，要有自信心。欲胜人，先胜己！学习中要正确看待自己，充分看到自己的实力。不要求每次考试成绩都十分理想，不要拿自己的成绩跟班上成绩拔尖的同学比。要知道，你在这个班成绩是中下等的，在全校也许是中等的，在全省也许就是中上等的了。

第二，进行积极的心理暗示。在焦虑、紧张和烦躁时，不妨自我鼓励一下。在考试前要不断地对自己进行肯定性的心理暗示，如“该复习的我都认真复习了，还怕什么呢？考试的内容无非是这些复习过的东西。”“和别的同学相比，我花的工夫一点也不少，在竞争中我并没有落后，既然如此，我又何必紧张呢？”“我已做好充分准备，一定会考好的。”“只要自己尽力了，我就问心无愧。”“相信自己，一定能考好。”“我喜欢与人竞争，我喜欢高考。”

第三，合理利用时间，学会科学用脑。感到压力大，往往是由于没有把时间安排好，做好时间管理是减少压力的好办法。首先要制订一个计划，计划可大可小，大到每个月、每个学科，小到每星期、每单元，这样便于科学安排时间，提高学习效率。另外，每学一个新内容，都要及时掌握、及时巩固，这样就不会感到压力太大，无形中降低了焦虑程度，考试也能应付自如。

第四，适当地休息。适当休息可以大大减少心理压力。压力较大时，不要闷在心里，找你信任的人倾诉。比如，可以找知心的同学或要好的老师，如果学校有心理老师的话还可以找心理老师；科学地安排生活，劳逸结合，能及时消除疲劳；长时间用脑之后应进行适量体育运动，以此缓解紧张程度；还可以在学习间隙伸伸腰、踢踢腿、做做深呼吸等。

压力
高考

第五，保证充足的睡眠。充足的睡眠是保证大家精力充沛、心理宽舒与平衡的前提。同时，在饮食上也可采取一些措施，如睡前喝牛奶有助于入睡。如果一时无法入睡，可躺在床上先不要闭眼，什么都不要去想，等情绪放松后，再自然地闭上眼睛。

第六，充分地复习。过分焦虑主要是因为复习准备不充分，所以考前一定要全面、充分地进行复习。具体来说，要根据自己各科的基础和学习现状，有策略地复习，并认清自己的学习风格，不要盲目与他人比较，找出适合自己的复习计划。

以上便是我给他的一些建议，我让他回去后好好结合自己的实际选用，看看压力减少后是否还会出现双腿发颤的情况。过了一个多月，他再次来电告诉我现在的感觉比以前好多了，但是还是有发颤的感觉，但是没有以前那么厉害了。我让他再做一件事，就是尽量不要把心思放在双腿发颤上，应主动转移自己的注意力，将更多的注意力转移到复习和其他自己感兴趣的事情上去。

尾声

后来有一天，我接到了他的再次来电，他告诉我当年他的高考发挥正常，考上了二本学校。现在，双腿已经没有发颤的情况了，他自己也轻松多了。然后，我建议他充分利用在大学时间多读书、读好书，不要轻易荒废大学这宝贵的四年时间，争取将来有一个好的前程。本来我一直担心他的学习和生活，他最后打来的这个电话也让我这颗悬着的心终于放下了……

辅导后记

人生确实有很多的苦难，但也有很多美好的东西值得我们去珍惜。经历苦难之后，人们会更加珍爱生活、珍惜生命，更懂得生命的价值，对生活的认知更多，也才会更努力面对生活，轰轰烈烈地拼搏、干事业。

苦难有时候也是一种磨炼，人在经历苦难之后才会长大，才会对得到的东西更加珍惜！

真情寄语

忧劳可以兴国，逸豫可以亡身。

刚进初中时，她是一位比较活泼开朗的女生。但进入初一下学期以来，她开始变得情绪低落、脾气暴躁。她想了很久就是找不到原因，于是在苦闷中鼓足勇气，敲开了学校心理咨询室的门。

五、找回遗失的快乐

引言

这个女孩前一天来找我时，我正在给别人做咨询，所以让她第二天晚上再来。第二天晚上 8 点 20 分，她准时来到了咨询室。请她进入我的咨询室后，我发现她情绪很低落，猜想她可能遇到了什么麻烦，所以就直接进入了咨询流程。

“你是初一的同学吧！最近遇到什么麻烦了？”我开门见山地问。

“嗯，现在不知道怎么搞的，我心情特别不好，而且很容易冲动，特别暴躁，很烦，有时很难安静下来做作业和学习，感觉特别痛苦。”她一脸的苦楚，很郁闷地说。

“以前你是这样的吗？你从什么时候开始这样的呢？”

“以前我是一个比较活泼的人，但自从进入初一下学期就开始无缘无故地烦闷起来了，而且有时特别暴躁，无法控制自己。”

“初一下学期开始的？那从初一下学期开始，出现过什么使你心烦的事情吗？”

“好像也没有什么特别的事情发生啊！一切正常！”她不假思索地回答。

“不可能无缘无故就情绪低落和脾气暴躁吧！据我多年的咨询经验来看，肯定是有原因的。你好好想想，到底有什么事情发生？”由于咨询进入了一个短时的中断期，所以我及时地探究原因。

她苦苦思考了很久，不断说：“好像没有什么事情啊！很平常地过来的啊！”

“你再好好想想，好好想想。”我不断鼓励她。

在我的鼓励和她的苦思冥想下，过了大约 3 分钟，她突然说：“我想起来了。”

友谊变故

“老师，我想起来了，这个学期开学以来，我发现我与班里的同学和同宿舍的同学关系淡了很多。以前我们关系很好的，现在不知道是怎么搞的，关系变得离奇地淡。”她有些激动地说。

“你想过为什么关系会由原来的很好到现在的淡吗？”我追问。

“可能是我们性格太相像了吧。”她漫不经心地回答。

“仅仅是这个原因吗？还有其他的原因吗？”我继续问。

“好像没有了吧。不过还有就是，我们在宿舍里虽然不吵架，但好像进入初一下学期以来就没有多少共同语言了似的。整个宿舍变得很沉闷，大家都各做各的事。其他的就没有了。”她挤了半天就想出来了这些。

“你们中间可能出现了什么小问题吧？要不怎么大家都让这个宿舍的氛围搞得这么紧张呢！你说是吧？”

“可能吧，但我也不清楚是什么原因。”

虽然没有弄清楚是什么原因导致她和同学的关系变得紧张，但可以肯定的一点是，她和同学的相处上出现了友谊淡化的情况，这可能是使她情绪低落和脾气暴躁的原因之一。

成绩下降

“进入初一下学期以来，除了在同学关系上出现一些小问题外，还有什么其他的事情发生吗？”我接着追问。

“还有一个吧，就是不知道怎么回事，我的学习成绩从这个学期一开始就出现了明显的下降，而且这两次月考的成绩都还在滑坡，我很担心这次月考的成绩还会下降，心里烦闷极了。老师，您说我该怎么办？”她一口气道出了自己在学习上出现的问题。

“怎么会这样呢？你上课能听得懂吗？”

“有些听得懂，有些听不懂！”

“听不懂的那些问题，你下课后去问老师和同学了吗？”

“没有！老师和同学都比较忙。我不好意思去打扰他们。”

“其实很多时候，老师再忙也还是很欢迎同学去问问题的。如果老师确实很忙的时候，你也可以去问同学，不少同学也还是蛮乐意提供帮助的。你以后必须打消顾虑，把不懂的问题抓紧时间解决掉，这才是你保证成绩不再往下滑落的良方。否则，成绩再往下滑，你的情绪还会受到影响，久而久之还会影响你的性格。所以想办法提高学习成绩，是目前缓解你情绪低落、脾气暴躁的好方法。除了勤问以外，加强理科方面的练习和文科方面的记忆也很重要。”

“好的，谢谢老师！这可能是影响我情绪的一个很重要的原因，我一直都还没有发现。放心，我回去后一定好好加强我的学习，争取在期考时有较大的进步，还有一个多月的时间，相信我能行的。”她很肯定地告诉我，此时我发现她脸上似乎有了一丝笑容。

换座风波

“高老师，还有一个烦心事最近一直困扰着我，就是我们班主任将我的好朋友（以前的同桌）换走了，现在这个同桌我不太喜欢。我好烦！”她一副很委屈的样子。

“你们班主任为什么要换你们的位置呢？”

“可能是我和以前同桌坐一起的时候，老是爱说话吧，所以她就换了现在这位不爱说话的同学和我坐一起。虽然现在我不讲废话了，但内心感觉很不自在、很闷，有的时候想打人。尤其是我现在的同桌，平时几乎一句话都不说，气死人了。”她很气愤地说。

“呵呵，这个我可帮不了你，但我相信你表现好了以后，你们班主任会通情达理的。其实，你们班主任也是为了你好。对不对？”

“话虽这么说，但我现在就是很烦躁。”

“老师可以教你一些解除烦闷的方法，你不妨一试。”

“那好吧，您说来听听，我回去试试看！”

找回快乐

“如果你感到烦闷的时候，可以写日记啊，将自己的烦闷情绪通过笔发泄到纸上去，这是一种比较好的方法。你可以试试。”

“哎呀，我最烦写日记了，看来这个方法对我不行！换一种可以吗？”

“那当你烦闷时，你可以到学校的操场上走一走、散散步，放松放松。如果能找一位知心同学一起边走边聊，效果更好。”

“嗯，这个我可以去试试，还有别的方法吗？”

“你还可以和同学一起去打打球，羽毛球、乒乓球都可以，如果会打篮球也可以，或者去操场上跑跑步也是一种很好的发泄方式。再者，你也可以听听自己比较喜欢的音乐，或听一些激励人的歌曲。当然，将几种方法结合起来一起用，效果可能会更好。”

“好的，谢谢！我回去试试，如果不行我再来找您。”

“没问题，欢迎下次再来。当然，如果有效了，下次不来了更好。呵呵！”

“应该会这样吧，谢谢老师了！”

辅导后记

看着她开心地离开了咨询室，我终于松了一口气，其实中学生由于各方面的原因而导致情绪低落和脾气暴躁的情况很普遍，关键是同学们要学会自我调节。有时，快乐如此简单，单纯而又透明，朋友真诚的一声问候、一句祝福，就会将快乐传递到心中。

朋友问我，你快乐吗？我说我很快乐，因为我快乐与否是掌握在自己的手中的。所以，在结束这个案例叙述时，我建议把快乐的钥匙交给别人掌管的同学赶快行动起来吧，将它拿回来由自己掌管，相信你也会像老师一样快乐的……

真情寄语

生活就像一面镜子。你对它笑，它也笑。你对它哭，它也哭。

第三章

学海泛舟

刚刚踏进高中不到三个月，学习成绩优秀的他却被学业压得快崩溃了。身边的同学大都羡慕他的学习成绩，然而他却对自己一点也不满意，甚至自卑到否定自己的能力和实力。自我调整了近两个月后，效果还是不好，于是他想到了寻求心理老师的帮助。

一、别让学习把自己逼上绝路

引言

“叮叮……”我的手机铃声响起来了，来电显示是陌生电话，我迅速调整好状态，按下接听键。

“喂，您好！”

“您好！请问是高老师吗？”话筒那边传来一位男生的声音。

“我是高老师，请问你是哪位？”我反问。

“高老师，您好！我是高一的新生，您还在给我们上心理课呢！我最近遇到了些问题，想向您咨询，不知老师是否有空？”

“有空，晚上8点到10点我都在心理咨询室值班，你直接来找我就行，我在办公室等你。你做完作业可以提前来，跟督导晚自习的老师请个假。”

“好的，谢谢老师！晚上见！”

“好，晚上见！”

压力好大

晚上8点24分，第一节晚自习刚下没多久，他如约来到心理咨询室。

“高老师好！我是今天下午打电话给您的高一学生。”一进门他便进行自我介绍。

“你好，请坐！我给你倒杯开水吧。”

“谢谢老师！”

“不客气！最近遇到什么烦恼了？”我直奔主题。

“我感觉进入高中后，压力明显增加了很多。刚开始还好，现在感觉压力越来越大，有点顶不住了，所以来找您寻求帮助。”

“进入高中以后，学业压力肯定比初中要大，毕竟一个是中考一个是高考，而且从课本的大小和厚度不难发现，高中的知识量增加了许多，深度和广度都增大了。所以刚进高中，感觉比初中压力大是正常的。”我用现状的变化让他找到心理的平衡点。

“这个我的体会倒是挺深的，英语单词比初中的多，英语课文也比初中的长，其他科目的难度也比初中大。像物理和化学，初中学的只是基础，靠死记硬背还可以，但高中的就靠理解和应用了，上课听懂了并不代表会做练习了。但这些我都能适应，感觉还挺顺利的，毕竟我的基础还算不错吧！”

“你基础不错，也很快适应了高中生活，那怎么会觉得压力很大呢？应该感到轻松才对啊！是吧？”我反问。

差点自杀

“我也不知道，反正感觉压力很大，好几次我都想自杀了！但是，想到父母在农村辛苦为我挣钱供我读书，我就压住内心想自杀的念头。斗争了几次后，我感觉自己实在是控制不住了，所以来找老师帮我解决！”他压抑地说。

我意识到这个问题的严重性，急忙问他：“你有没有想过为什么要自杀？”

“感觉学得太累，而且成绩怎么也没有提高。”

激烈竞争

“我们宿舍住的都是学霸，只有一个舍友的成绩比我差！他们很疯狂的，晚上熄灯后还打手电筒看书！”

“是吗？那你们宿舍成员的安排真是太好了，这是好事啊，有很浓厚的学习氛围！应该是随机安排的宿舍啊，怎么学习好的都安排在一起去了？”我宽慰他。

“是啊！我也不懂怎么搞的，就是安排在一起了。我们宿舍氛围确实很好，大家都很认真，很少打闹，但我感觉就是很压抑。他们能加班加点学习，可我不行，我一加班加点第二天上课准犯困。他们没一个上课犯困的，真搞不懂他们哪来这么好的精神！”

“你不管他们呗，自己好好学不就得了吗？”

“我做不到。我感觉我已经很用心学习了，没有耽误一点时间，但成绩不但没提升，反而还退步了一点。真不知道我哪里出了问题。”他着急地说。

调整心态

“其实你太心急了，大家基础都很不错，而且学习也都很刻苦，所以要想超越别人不容易。你应该放平心态，合理地去看待同学间的竞争，不懂的多向同学请教，相互之间多学习和沟通，共同进步才是最好的办法。还有，每个人由于考试时的发挥不同，成绩有可能会出现些许的偏差，不应过度焦虑和紧张。每个人都渴望成功和超越，但在强大的对手面前，‘人比人，气死人’啊！我们每天放平心态，以平常心去刻苦学习，有些事情才能水到渠成。其实，我们做学生的，只要努力了，无愧于自己就好！如果每个人都跟考上清华、北大的学子比，那全中国不知道有多少人会去自杀。所以，找准自己的人生目标，持之以恒地坚持下去，一定会实现自己的理想。但这个目标必须符合自己的实际，不切实际的空想只会不断地打击自己的信心。每个人都渴望成龙成凤，但我们必须从做蚂蚁做起，不断取得成功，不断获得满足，不断获得信心，不断超越自己，最终才能成就自己的梦想。一开始就想成龙成凤，肯定会有很强的挫败感。因此，目前及时调整自己的心态是你的首要任务。”我一口气给他说了很多。

“嗯，老师您讲得太对了，我就是心太急，而且攀比心理太强。”

“能找出自己的问题，勇敢地去面对，应该会有所改变的。换一种心情去看待身边的竞争，会让我们的学习和生活变得更有趣。”

“嗯，谢谢老师！不过我就是怕考不好对不起家里的父母，所以一直很自责。”

“老师读中学的时候和你的情况差不多，也是农村出来的。父母不懂教育，跟我说读不下去了就回家种田。但我告诉自己，只要努力了，无愧于自己就好。所以，我一直努力着，最后考上了理想的大学。你现在的基础比我那个时候好，结果应该会比老师好很多。这一点你一定要有信心。”我向他谈起了自己的往事，希望以自己的经历激励他。

“嗯，谢谢老师给我信心！今天跟您聊了以后，我感觉放松了很多，心里的压力好像减轻了不少！”这时，他终于露出了进咨询室以来的第一丝笑容。

“那就太好了，以后再遇到什么烦恼，请随时来找老师。”我鼓励他。

“会的，谢谢高老师！”

“不客气，再见！”

尾声

看着他愉快地离开了心理咨询室，我绷紧的心弦终于放松了，其实像他这样学习优秀、被激烈的竞争氛围压得喘不过气来的同学，在现实生活中不算少。希望同学们看完他的故事后获得自己的感悟，让自己的生活和学习充满阳光，开开心心度过每一天！

辅导后记

我们知道，竞争既可以促进学习的进步，也可能使我们身心疲惫。竞争能激发人的积极性，培养人的进取心。竞争还能促进注意力集中，使想象力更丰富，思维更敏捷。但是，竞争也容易使人在长期的紧张中产生焦虑，出现心理失衡、情绪紊乱等问题。案例中的主人公就是由于过度竞争导致心理失衡，从而产生了不良情绪。

因此，我们要学会在竞争中合作，合作中竞争。竞争与合作是相互渗透、相辅相成的。没有合作的竞争，是孤单的竞争。合作是为了更好地竞争，合作越好，成功的可能性就愈大。

真情寄语

优秀的竞争者往往是理想的合作者。

段考刚过，同学们的心情各异，考得好的自然兴高采烈，发挥失常的则十分沮丧、焦虑。吴晓红就是发挥失常的其中一位。她本次段考成绩很不理想，心里很失落，还担心父母问起成绩无法交代。果然，成绩出来不到两天，父母就打电话过来询问她的段考成绩了。她向父母撒了一个“善意”的谎言，向父母虚构了一个成绩，自以为侥幸躲过了父母这一劫。没想到仅过了一天灾难就来临了，她不得不为自己的善意谎言付出代价。紧张焦虑中，她想到了寻求心理老师的帮助，于是敲开了心理咨询室的门……

二、都是“欺骗”惹的祸

引言

刚接待完一位来访的同学，我本想整理案例的。打开电脑不到三分钟，咨询室的门又被敲响了，我整理好自己的情绪，微笑着打开门。

一位身高大约 1.6 米的漂亮女孩跃入眼帘，可是她青春的脸上并没有露出迷人的微笑，而是写满了沉重和紧张。

“老师，您好！请问有空吗？我想咨询！”从话语中我看出了她的焦虑。

“有啊！请进来坐吧！”我热情地招呼她。

我边给她倒水边问了起来：“遇到什么烦心事了？”

段考考砸

“这次段考不知是怎么回事，真是活见鬼了，考得特差！！！”她气愤地说。

“怎么个差法，让你这么难受？”

“文科、理科都没考好！只有语文及格了；英语才 87 分；数学简直惨不忍睹，才 67 分；物理跟数学一样，才 63 分；化学稍好一点，76 分；生物刚开始学，考得还可以，85 分，但还是没及格。这个成绩让我无法相信自己是一个高二理科生。我本来想选文科的，但文科将来报考时可选择的学校和专业都比较少，所以我逼迫自己选了理科。好累啊！”她一口气将自己的段考成绩做了一个详细的介绍。

“你 9 月月考成绩怎样？”

“比这次好多了！语文、英语、生物都及格了，数学 83 分，物理 71 分，化学虽然没有及格但也是 88 分啊！相比之下，这次我的成绩明显大幅度下滑！”她认真地对比着。

“从分数看，确实退步了一点。不过没关系，胜败乃兵家常事。这次发挥失常，下次重新考回来就好了，反正这次考试的成绩已经既成事实，抱怨、自责也无济于事，还不如好好分析错在哪里，哪些知识点没掌握好，好好补习，争取下次考得更好些。你说呢？”我安慰着她。

善意谎言

“嗯，道理倒是懂，但我无法过我父母那一关！他们每次考试结束后都会询问我的成绩。这次也不例外，前天他们打电话问我成绩了。”

“情况怎么样？你父母怎么反应？”

“我骗了他们。没办法，我父母对我的学习成绩太关注了，要是让他们知道我的成绩下降这么多，我肯定死定了！所以我就根据我上次的考试成绩虚构了一个分数告诉了他们，说和上次月考差不多，没进步也没退步。听完我的汇报后，他们叫我再努力点，争取有一点进步，这样到高三才有希望。我本以为躲过了这一劫，谁知刚过一天，悲剧就要发生了。”她焦虑地说。

引发危机

“什么悲剧？被你父母发现了！”

“这周六下午我们高二年级开家长会！”她苦笑地说。

“呵呵……唉，你运气真是太‘好’了！”我调侃她。

“老师，您说我该怎么办？我肯定要被父母打死的。本来考差了就要挨批评了，现在罪上加罪，还欺骗他们！完了，完了，我彻底完了……”她绝望地说。

“别绝望！肯定有办法度过危机的。”我宽慰她。

“能有什么办法？我现在心里一片慌乱，都不知道该怎么办了。在教

试卷发下……
乖女儿，考得如何啊？（某人老爸）
考得还好啦～（绝对不能让他知道哦）
于是撒了谎
明日正午召开家长会
天公不作美……
所以，你就来找我挡灾？
高老师

室里根本就无心学习，所以才跑到您这里来寻求帮助啊！高老师，您一定要帮帮我！”她焦急地恳求。

“别急，我帮你想想办法，看看怎么做效果会更好一些！”

“好的，谢谢老师！”

化解危机

“就目前的情况来看，有两条途径可以解决这个危机。一条途径是你父母那里，另一条途径是你们班主任那里。”我帮她分析。

“这两条途径分别怎么做呢？”

“你父母这条途径就是在他们来开家长会之前，你直接跟他们说清楚，把实情告诉他们，并且向他们道歉，请求他们原谅。父母还不至于会把你吃了吧，顶多是非常生气。但你在学校，又不在他们身边，他们再生气也打不到你。等你见到他们时，他们心中的怒火已经平息下来了，对你不会采取什么极端措施的。如果你不敢说的话，就把你父母的电话给我，我可以帮你说出你内心的焦虑和恐惧。我还会帮你说好话，请求他们站在你的角度上想问题，原谅你的过错。”我帮她出第一个主意。

“这个途径不行！不行！！我父母的脾气我太了解了，特别是我父亲，他很暴力的。我从小被他打着长大，我对他有极其严重的恐惧感，要不我为什么要向他们撒谎呢！就是怕回去被打！！！老师，您说的第二条途径是什么？”她十分坚定地否决掉了我的第一个建议。

“第二条途径就是告诉你们班主任，让他帮你保密！将你的分数改为你说给你父母的那个分数。”

“班主任怎么可能帮我做这种事？我不是找骂吗？”她立即回答我。

“这件事情我帮你去沟通，肯定能解决！我之前做班主任时遇到过类似的情况，当时我就帮学生改了分数，效果很好！我首先告诉那位学生，我帮你改了多少分，就相当于你在我这里透支了多少分，下次考试你必须还回来。段考后，我帮他加了 45 分，后来的月考成绩我和他协商后减去了 45 分，他当时很感动，后面的学习很刻苦、很勤奋。虽然减去了 45 分，但还是与过去的成绩持平，说明他进步不少。今天你的情况也是一样，我跟你们班主任商量，让他给你这个机会。你向他借点分数，度过这次危机，下次月考再还回来，但你必须打借条！白纸黑字还要按手印为证，如果下次不还，就告诉你父母。你看这个办法怎么样？”我跟她说。

“高老师，您真是太伟大了。这种主意您也想得出，而且效果这么好，您真是一位出色的心理老师和优秀的班主任！我一定按照您的办法去做，争取下次考试考得更好些，把这次借的分数全还掉！”她兴奋地说。进来这么久，她终于露出了轻松的笑容。看见她青春洋溢的脸上漾出微笑，我心里感到美极了。

“你就别拍我马屁了，呵呵。祝你好运！说服你们班主任的工作就包在我身上了。”

“谢谢老师！”她愉快地感谢我，离开了心理咨询室。

尾声

当晚我就跟她的班主任联系，并说明了情况。她的班主任是和我一起入职的铁哥们儿，他爽快地答应了我的提议，并按照我的建议去做了。后来这位学生学习特别刻苦，成绩稳步上升。她一直很感谢我，每次月考后都来给我汇报她的成绩，每次我都鼓励她。相信以这种状态迎接高三备考的话，她应该会考入一所满意的学校。

第二年，高考结束后，她给我发了一条短信，说自己考了 402 分，差几分上二本线，但已经上了三本线。她家里的经济条件还不错，父母特别高兴，给她选了一所北京的学校。

辅导后记

善意的谎言是美丽的！这种谎言不是欺骗，也不是居心叵测。当我们为了他人的幸福和希望而适度地扯一些小谎的时候，谎言即变为理解、尊重和宽容。

善意的谎言具有神奇的力量，它可以鼓舞你一次又一次继续努力，为了心中的梦想绝不轻言放弃。未来的道路完全被欢乐的心情照亮，生活也会因此变得更加美好。

真情寄语

有时候，父母的一句鼓励的谎言，让涉世不深的孩子脸若鲜花，灿烂生辉；老师的一句表扬的谎言，让彷徨学子不再困惑，更好地成长；医生的一句宽慰的谎言，让恐惧的病人由毁灭走向新生……善意的谎言不会玷污文明，更不会扭曲人性！

他有很深的伤痛与阴影，有无法言说的悲哀，还有难以排解的担心与害怕。他害怕伤害，害怕别人嘲笑，害怕那种失落、恐慌、迷茫……他真的十分郁闷，太迷惑，太悲哀，苍凉的感觉时时袭上心头，久久不能挥散。他很矛盾：究竟是活在自己的世界里，还是活在他人的世界里？

三、找回昔日的辉煌

引言

周日晚上，我提前进入了工作状态——心理咨询室在周日晚上是开放的。同往常一样，周日晚上如果没有学生来访，我一般都会准备下周的课。我从晚上七点就开始做课件、写教案，刚备完课，准备开始“网上冲浪”时，有人来敲门。

“你好！我是高老师，请问有事吗？”一开门我便微笑着说。

“我想咨询些问题，老师您有空吗？”

“有空，请进！”

一位身高 1.7 米的男孩，脸色严肃，看上去有些胆小、害羞的样子，不过，他看上去好像并不紧张。

“你是哪个年级的？”

“高二的，高一的时候您给我们上过心理课。”

“最近遇到了什么烦心事？”

好友转学

“我从小就很胆小、害羞，人际关系不是太好。后来，我以优异的成绩考到这里，进入高一后我交到了一个很要好的朋友。现在这位好朋友转学了，我又遇到了很多烦心事，但连个诉苦的对象都找不到。”他很严肃地对我说。

“是吗？再说详细些。”

“高一时我和一位同学玩得很好，进入高二后，他因某些原因而转学了。由于我性格比较内向，班上的很多同学都认为我像一个柔柔弱弱的小女生。进入高二至今已经过去半个学期，我还没有找到一位很知心的朋友，很多烦心的事也找不到一个倾诉的对象，最近越来越觉得自己很没有用。”

“为什么会觉得自己很没有用呢？”

被人嘲笑

“高一时，我的一位同班同学（现在高二文理分班后还和我一个班）

老是来嘲笑我、贬低我。他说我是 1000 元 / 学期学费（根据学校的规定，成绩好的学生可以享受一定的学费优惠）这一档的垫底优秀生（他是 3000 元 / 学期学费这一档的）。每次月考成绩出来后，他总是要到我面前来炫耀他的分数，高一上学期的时候他的分数比我低很多，高一下学期时我每次月考总分就只比他高几分了，但进入高二以后我的两次月考总分都没有他高，这一次刚刚结束的段考他的总分比我高出了 27 分。他又拿着试卷来说我，说我怎么怎么不如他，还是每学期比他少交 2000 元学费的优秀生，总分却没有他考得高！看见他对我说这些话时的表情，我觉得他的那副嘴脸很恶心。我很想超过他，但每次都很惨。拿这次化学段考来说吧，他考了 130 多分，我才考 110 多分。他又嘲笑我说：‘你还是化学科代表呢，才考这点分’。我因此很郁闷，认为自己真的越来越差劲了，却找不到人谈心，所以来找老师聊聊，希望您能解决我的困惑与迷茫。”

超越自我

“你的这位同班同学确实很让人讨厌，你以后尽量避开有关他的一切信息，尤其是月考成绩。你现在受他的影响很大，已经严重干扰了你正常的学习和生活，避开他后静下心来好好思考自己的得与失，准备再战。还有就是，你一定要改变一个心理定势，那就是你不是要和他比，而是要和过去的自己比，要先超越自我，再超越他人。从你的基础来说，通过努力你肯定能超过他的，你现在必须要有这样的信心和决心。我强烈地感觉你现在好像被他控制住了，整个人好像就是为了他而活似的，在他强大的‘魔网’笼罩下不能自拔。高老师这里讲的避开他并不是一种逃避，而是一种以退为进的策略，是要通过短暂的逃避而获得更大的超越。”

“我现在很难避开他，他坐我前面，每次考试后他就回头过来看我的试卷和把他的试卷给我看，所以我很苦恼。”

“你们班主任是谁？”

“× 老师。”

“你让她给你换一个座位，如果不方便我去帮你说。”

“谢谢老师，我自己能行，我不想把这事闹大。”

上课分心

“好的。你觉得你现在的学习状态怎么样？”

“不是太好，上课老爱走神！”

“思考过为什么老走神吗？”

“没思考过，但很容易知道，就是受这个人的影响太大，我每次被他嘲笑后情绪都很低落、很自责，总觉得自己很无能，为什么我这么努力，还是被他超过呢？”

“换了座位后应该会好很多的，以后保护好自己的试卷，不给他看，最好自己也不要去打听他的分数，这样你才能静下心来慢慢推倒自己心中的这堵墙。而且有的时候‘人比人，气死人’！你目前最重要的是静心、调整状态，只要好好调整，你的状态很快就会好起来，学习成绩也会好起来。”

“好的，谢谢老师，我回去尽快跟班主任说换座位，调整好心态，再次找回自我吧！”

重回昔日的辉煌

他离开了心理咨询室后，我及时与他们班主任联系，他们班主任很爽快地同意尽快给他换座位。第二天中午，我在食堂门口碰到他，他说老师已经给他换了座位，离那位同学很远，现在心里踏实多了，听课的效率也高了很多。

高二上学期的第三次月考结束后，我专门到他们老师那去查看他的成绩和那位同学的成绩。他比嘲笑他的那位同学总分低 6 分，单科成绩几乎不相上下，看来换了座位、调整状态后他还是进步了不少。期末考试结束后，我又好奇地去看了他俩的分数。这次考试是桂林市统考，题目相对简单些。他们两个考得都很不错，但这次他的成绩高出那位同学 21 分。他终于找回了自己昔日的辉煌，摆脱了那位同学的干扰，重新找回了自我。

尾声

之后的很长时间里，我都没有跟这个学生联系。高二下学期的期中考试结束后，他再次来到我的咨询室，面带笑容，我猜他肯定是给我报喜来了。呵呵，果然不出所料，他说这次段考状态很不错，发挥正常，比嘲笑他的那位同学高出 57 分，除数学比那位同学低 3 分外，其他各科都比他好。他很感谢我在他苦恼和迷茫时对他及时的帮助，我笑着对他说：“看到你重新找回了昔日的辉煌，老师也为你感到高兴，这些都是你努力的结果。当时你被那种嘲笑搞昏了头，一时找不到自我，那很正常！由于你的潜质没变，调整了自己的情绪和心态，恢复了自己的学习劲头，所以你成功了。但以后一定要谨记：任何时候都要自己控制自己，切莫被别人操控了。”他微笑着使劲点头。

这个案例虽然已经结束了，但我一直在思考：其实在现实生活中，不少同学甚至是成人的情绪也经常自觉或不自觉地被他人控制住，因而痛苦地生活在他人的世界里难以解脱。我想这个案例能给目前还备受煎熬的同病相怜者一些思考和启发吧！

辅导后记

有人曾经说过：世界上的人，不是你控制别人，就是别人控制你。我觉得很有哲理。案例中的主人公在开始的时候就是被别人控制了，经过老师的辅导，重新找回了自我。

接待完这个来访者，还让我想到了同学间的相互尊重。对案例中的两位主人公，我想说的是：尊重，是一种修养，一种品格，一种对别人不卑不亢、不仰不俯的平等相待，一种对他人人格与价值的充分肯定。任何人都不可能尽善尽美、完美无缺，我们没有必要以高山仰止的目光去仰视别人，也没有资格用不屑一顾的神情去嘲笑他人。假如别人在某些方面不如自己，不能用傲慢和不敬去伤害别人的自尊；假如自己在有些地方不如他人，也不必以自卑或嫉妒去代替理应有的尊重。一个真正懂得尊重别人的人，必然会以平等的心态、平常的心情、平静的心境，去面对所有学习上的强者与弱者、所有生活中的幸运者与不幸者。

真情寄语

宽容就是一种爱！尊重他人是一种美德，是一种高尚的情操。只有尊重他人，才能获得他人对你的尊重。所以，善待别人，尊重别人，也就是善待自己，尊重自己。

步入高三，每位同学都开始了紧张的复习，阿强也不例外。他下定决心要好好复习，力争考一个本科学校。但经过一段时间的努力，上周月考完，他的成绩让人大跌眼镜，居然有两科的分数只有个位数。对阿强来说，这简直难以置信。交卷时他自我感觉还可以，谁知会考出这样的分数，这使他陷入了痛苦和内疚中不能自拔。就在这时，更残酷的现实袭来，女朋友突然向他提出了分手。“我该怎么办？我是不是没有希望了？”于是他鼓起勇气，敲开了心理咨询室的门……

四、我是不是没有希望了

我正在心理咨询室浏览着网页，有人敲门了。我习惯性地微笑着开了门，眼前是一位身材魁梧的帅哥，而且我认识他。他叫廖国强，一直以来都是年级里比较调皮的学生，不时还与老师吵架。

“老师，有空吗？”他开门便问。

“有空，请进！”我回答。

他也认识我，对我印象还不错，进来后也比较随便，不是很拘束，但情绪很低落，看上去很没精神。我便问：“发生了什么事吗？”

月考惨败

“我这次月考考得非常差，差得让我无法相信是我的试卷。”他很沮丧地说。

“怎么个差法？能说详细点吗？”我鼓励他说。

“物理和化学都只考了9分！真的让我无法面对，我交卷时的感觉至少也有四十几分吧，可谁知会这么惨！我上次跟您说，想考三本，现在看来考专科都危险了。”

“其他科考得怎么样？”我追问。

“语文101分，数学43分。英语本来可以考80多分的，前一天晚上由于和女朋友吵架，我没睡好，所以考英语时睡了好久，很多题都没有做，只考了47分，不过听力只错了4道题。这次就只有语文让我有点信心了，作文写得不错，得了50分，这是唯一值得我高兴的事。但是，物理和化学的分数已经完全让我高兴不起来了，只有难过和内疚。我主动给物理老师和化学老师道歉，老师不但不骂我，反而还鼓励我，这使我更内疚了！我很担心自己连专科都上不了。老师，我是不是没有希望了？！”他将自己的考试情况向我描述了一下。

“谁说没有希望了！这些年广西高考的高职高专分数线一般都在260分，现在离高考还有7个多月，只要继续努力，就有很大的希望。这个时候就是考验你意志力的时候了，只要6月8日下午5点（高考结束时间）没到，你就还有希望。现在关键的就是你的信心了，中国有句古话，‘哀莫大于心死’，就是这个道理。所以只要信心不滑坡，办法总比困难多。相信自己，就有改变的可能；否定自己，还没上考场就已经输了。所以目前贵在坚持！当然，面对这么低的分数，不难过就是圣人了。你对这个分数感到难过和内疚，说明你还很在乎你的学习和高考，最可怕的就是你对这种分数感到麻木。所以你应该庆幸，同时努力、努力、再努力！坚持、坚持、再坚持！”

下一站：希望

“谢谢老师！但是我现在被打击的一点信心都没有了，这两天一直提不起精神，上午的第一节和第二节课还睡觉。我真的感觉很难过，怎样才能让我更有动力、更有激情呢？”他渴望地问。

“你面对这个分数，暂时的失落是正常的，也是必须要面对的。至于动力和激情，等自己心情好一点时再考虑。如果这几天还是不开心的话，要学会调节自己的情绪，去打打球、跑跑步、听听音乐、与同学聊聊天，转移一下自己的注意力，我想这样会好些的。当然也可以随时再来找我。”

“好的。谢谢老师！”

我失恋了

“我前两天和女朋友吵架了！她在电话里动不动就说分手，真是让我恼火！”

“你跟她谈了多久了？”

“两年多了吧！她是我师姐，去年考上了三本，现在在南宁市某高校的独立学院读书。本来我的目标就是要考到那里去的，现在让人难受啊！这几天我打她电话，电话总是关机，发短信，她也不回。昨天我打通了她的手机，她说要跟我分手！我感到很无语，但还是同意和她分手了。我现在挺难过的，想起来就气，要怪就怪自己，前两年时常跟老师顶嘴，不好好学习，跟她整天缠缠绵绵的。我真后悔啊！”

“对你来说，现在确实是最难熬的时候了，除了考试没考好外，感情还出现了问题，真是雪上加霜啊！”我对他表示同情。

“我现在是彻底绝望！上帝是在惩罚我啊！我现在非常迷茫，找不到方向！”

“别怕，只要你度过了这段情绪的低谷期，调整好了情绪，重塑信心，你一定能考上一所专科学校的，将来如果在大学努力学习的话，还可以专升本呢！”

“是吗？专科还可以升本科吗？”他对这个很感兴趣。

“当然，而且升本科后，两年就可以拿到本科毕业证和学位证了，同时还可以考研究生呢！”

“您没骗我吧，老师！”

“老师肯定没骗你，不信你可以去问其他老师或你的父母！”

“那太好了，我现在要尽量打起精神，继续我的三本目标，实现不了的话，至少也要考个专科学校吧！”

“嗯，只要你努力，只要你坚持，相信 7 个月后会实现你的目标的。老师期待你的佳音！另外，如果以后还有什么问题可以随时再来找老师。”

“好的，谢谢老师！我会的！！！”

艰难的挣扎

往后的日子，他多次与自己的内心作斗争。他的语文相对来说比较好，所以平时经常写日记和诗，这也是缓解痛苦和压力的一种方法。

忘了是怎么开始
也许就是对你有一种感觉
忽然发现自己
已深深爱上你

真的很简单

爱得地暗天黑都已无所谓

是是非非无法抉择

没有后悔为爱日夜去跟随

那个疯狂的人是我

I Love You，无法不爱你

Baby，说你也爱我

I Love You，永远不愿意

Baby，失去你不可能更快乐

只要能在一起

做什么都可以

然而世界转个不停

……

这是他离开心理咨询室后的第二天晚上发给我的短信，同时他向我保证一定会努力奋斗到明年的 6 月 8 日。以后的日子，我与他有过不少短信往来，我不断给他打气和鼓励。

尾声

转眼间，高考结束，成绩出来了。他给我发了一条短信，告诉我他考了 286 分，最后被南宁市的一所高职院校录取了，同时找到了新的女友……

辅导后记

286分对于很多同学来说算不了什么，但对于他来说，却是付出艰辛和努力后的成绩，发挥了他的最高水平，他用自己的坚持和努力实现了自己的求学梦。最后，我送几句话给即将参加高考的高三同学吧！祝你们高中头榜！！！

高考就是考人生——高考是一场特殊的成人仪式；

高考就是考自信——信心是高考成功的精神支柱；

高考就是考意志——严格监控谨防考试综合征；

高考就是考方法——从记忆入手疏通思维的源头；

高考就是考心态——心脑协调平衡最佳身心状态的标准；

高考就是考复习——教材是复习之本；

高考就是考技巧——把握高考的答题方略；

高考就是考人和——善意看待父母的唠叨；

高考就是考发挥——给自己一个合理的定位；

高考就是考分数——分数是高考的重要目的；

相信自己，你就成功了一半！

真情寄语

我们应该有恒心，尤其要有自信心！

童志强是一位高二理科班的同学。最近，他发现自己的头常常无缘无故就剧烈疼痛。我问他最近有没有什么特殊的事情发生，他说天天都读书，没发生什么。我建议他去医院做一个全面的检查，他告诉我来之前已经去医院检查过了，没有任何问题。医生建议他去心理门诊看看，很有可能是心理问题。他自己感觉自己很健康，没有去心理门诊。但最近头痛得更厉害了，无奈之下，他想到了心理老师，于是走进了心理咨询室。

五、头痛的秘密

引言

吃完晚饭，我慢步回到自己温馨的工作室。咨询的接待时间未到，应该暂无学生来访，于是我打开书柜，拿出学校统一订购的《小故事大智慧》一书看了起来。当我正沉浸在故事所启发的大道理中时，办公室的门被敲响了，不用怀疑，十之八九是学生来咨询了。我打开门一看，是一位衣着十分朴素的男孩，看上去很没精神。还没等我说话，他便开始说了。

“老师，我有心理问题，不知您是否有空？”他开门见山地说。

“有空，请进来吧！千万不要轻易说自己有心理问题，来我这里咨询的同学绝大多数都没有心理问题，仅仅是有一些成长中的心理困惑罢了，千万不要给自己上纲上线、贴标签，否则没问题都会搞出问题来的。”我跟他调侃似的说。

“老师，我真有问题，没跟您开玩笑！”他严肃地说。

“什么问题？你说吧！”我也严肃地问。

“我也不知道，反正我去医院检查，医生说我没生理疾病但可能有心理疾病，建议我去心理门诊。我感觉自己没有心理问题，所以没去！”

“那就对了，没病干吗要去呢！”我接过他的话。

“但是医生说我可能有心理问题，我就一直很担心。”

“那你自己感觉呢！医生为什么说你可能有心理问题呢？”

无故头痛

“我的头不知为什么总是无缘无故地剧烈疼痛，在医院做了全面检查以后，没有查出任何病变来。所以医生建议我去看心理医生，说我可能是精神紧张所致。”

“是吗？现在头还痛吗？”

“嗯，痛！而且这段时间痛得更厉害了。”

“你家里人有过头痛病史吗？”

“从来没有！”他肯定地回答。

“你有过头痛病史吗？”

“也没有！”

“那你从什么时候开始头痛的？”我继续追问。

压力
学习
头痛!!~

“高二开学吧！”

“是吗？就是上学期喽！能给老师详细谈谈吗？”

“高二开学时，开始有偶尔的头痛，但痛得不厉害，我没把它当回事。到高二上学期期末时，头痛得更厉害了，我就有点着急了，但考完后头痛就消失了，我也没理它。但下学期开学后，头痛又开始了，虽然没有上学期期末那么厉害，但比上学期开学时痛的强度大了不少，头痛的频率也越来越高。于是，我就告诉了父母，父母带我去医院做了一个全面的检查，才有了开始时我给您说的那些事。现在临近期末考试了，我的头痛得更厉害了，所以我忍不住就来找您了，看看是不是医生说的那样，我有心理问题。”

“你在高二时有没有发生什么事？”

“也没发生什么，天天都是读书，挺正常的啊！”

“你再仔细想想！”我鼓励他再回忆一下。

他沉默并回忆着，大约想了两分钟，终于开口说话了。

碰上对手

“高一结束后，我们分了文理科，我选择了理科。重新分班后，年级学霸分到了我们班。刚开始，他的总分一般比我要高出大概 30 分！我从高一结束的暑假补课开始就制定目标要超过他，但到今天为止过去差不多一年了，我还是没有超过他，现在和他的差距好像更大了，他总分现在比我高出 50 多分了！我快要急疯了。每次考完试他总会来问我考了多少。我每次都很没面子。虽然他不是故意的，但我一直很在意！”他一口气说完。

“哦，原来是这样！其实有竞争对手往往能促进我们的学习，提高自己的自我约束能力，不断超越自己。但我感觉到你好像竞争过度了，没有用平常心去面对这样的竞争，也没有合理地去评估自己和对手的实力，盲目地去竞争导致你今天的精神极度紧张。你能告诉老师你平时都是怎样和他竞争的吗？”

“自从和他分在一个班后，我就疯狂地节约自己的每一秒钟，从早上到晚上的每一点时间我都利用上。早上我一般不到六点就起来，宿舍门打开后我第一个冲去食堂吃早餐，吃完早餐我第一个到教室读英语。下课十分钟我除了上厕所外，基本不离开座位。中午我基本不睡觉，都在看书。吃饭时间我都是跑着去食堂，吃完后继续看书。晚自习下课后我经常在被子里打手电筒看书，一般 12 点才睡觉。”他详细描述了自己一天的学习时间。

“天哪，你也太疯狂了吧！这样的学习强度你受得了吗？”

“挺累的。但是，我心中只有一个目标，就是超过他，所以管不了那么多了！”

“你头痛很可能与高强度的学习和精神压力有关！老师强烈建议你合理安排好自己的学习时间，不要安排这么满，如果再这样下去，你高三怎么办？你必须想办法调整自己的作息时间表，安排一点运动的时间，放松心情，增强体质，提高学习效率，这样才有可能让你的学习更上一层楼。我们虽然提倡勤奋刻苦，但必须在合理的范围内，切不可透支健康啊！”我跟他分析。

“嗯，谢谢老师！但是我的头痛一定是这个原因吗？休息好了头就不痛了吗？”

“这是一个原因吧！还有一个原因就是你的精神压力太大，我建议你

凌晨！~
奋斗！
禁
娱乐
杂志
QQ2010
奋斗！
学习计划
课堂练习
头痛病毒入侵！！

调整期望值，不要非超过他不可。当然，竞争是好事，但竞争过头了就是坏事了。你放弃和他竞争，以平常心去对待学习，我相信你的成绩会比现在更好。人只有在轻松的环境里才能发挥最大潜能。当你心情愉快、压力适度时，往往状态最好，你才有可能超越自己，以此达到超越别人的目的。你说是吧？”我跟他分析。

“嗯，这个道理我倒是明白一点，但就是想和他竞争。我不想输给他。”

“其实，你这样做的目的，并不是不和他竞争了，而是想办法更好地挖掘自己的潜能。所谓‘有心栽花花不开，无心插柳柳成荫’就是这个道理，‘无为而无不为’也是这个道理，即‘自然之道本无为，若执无为便有为’。其实我们做任何事情都必须巧干，切勿蛮干。任何事情只有巧干，才能提高效率，否则会走入误区，做了无用功或效率不高，才是得不偿失啊！你好好想想。”

“嗯，我明白了！我回去重新好好规划自己的时间表，同时重新思考与他的竞争关系。如果头还痛我再来找您。谢谢老师！”

“不用客气，你只要调整紧张的时间表，把学习安排放轻松些，把晚上的睡眠时间增加 1 个小时，中午再睡上半个小时，相信你的头痛情况会有所缓解并逐渐消失的。记住要放松心情，调整竞争心态，以平常心面对一切，症状就会消失的。希望你早日走出苦海，重获新生。有情况可以随时来找老师！”

“好的，谢谢老师！”他道谢后离开了心理咨询室。

尾声

后来，我跟他们班主任联系了。他们班主任告诉我，这孩子成绩很优秀，学习很刻苦。我建议他们班主任平时监督他的学习和休息时间，适当的时候提醒他注意休息。在老师的帮助和他自己的努力下，他终于没那么紧张了，学习成绩也比较稳定，头痛的症状得到明显改善。高三上学期，我在校园里碰到了他，问他近况如何。他高兴地告诉我，头不痛了，学习也没有以前那么紧张了，现在学习效率高了很多。他正在努力考复旦大学呢！高考结束后，他顺利地考上了自己理想的大学。每次回母校，他总少不了到我办公室来坐坐。

辅导后记

应该说，我们是鼓励学生竞争的。班主任如果发现班里没有竞争氛围的话，还会很着急。因为在这个发展迅速的年代，激烈的竞争已经无处不在，一个学生要是没有竞争意识，将来在社会中的生存就会遇到困难。但是同学间竞争味太浓，到处都弥漫着火药味，也不是老师想看到的，这样的竞争只会使同学间的关系更紧张。

其实最理想的状态是同学间有相互的竞争，但更多的是彼此的合作。同学间在竞争中要消除嫉妒心理、讲求协作精神，同时还要热爱生活。热爱生活会使我们始终保持着一份开朗乐观的心情。另外，不要苛求永远成功的辉煌，也不要计较一时的得失。我们要感谢生活，理解生活，让自己拥有一个好心境，才能够活出一份轻松、一份从容、一份洒脱，人生就能更精彩。

真情寄语

树有高矮，人分丑俊。忙碌在大千世界的芸芸众生，既离不开竞争，也离不开合作。

第四章

人际在线

刚踏入中学的门槛时，大家都争先恐后地相互交往，彼此热情很高，相互之间的感情也比较好。但好景不长，相互之间的矛盾慢慢浮出水面，关系开始变得微妙起来。群体交往开始慢慢分化，小圈子的友谊开始多了起来，因此个别同学慢慢开始被孤立，刚开学时的热情和刚刚建立起来的友谊与现在的被孤立，让某些同学感到难受和压抑。“我到底怎么啦？”成了自己心中的疑惑和不解。友谊难道如此不耐磨？让我们一起去倾听她的故事吧！

一、友谊难道如此不耐磨

引言

上完下午第八节课后，我跟同事一起出去吃晚饭，饭后回到了心理咨询室，疲惫了一天终于可以休息一会儿了。我刚打开电脑浏览新闻网页，咨询室的门就被敲响了。才七点钟，会是谁呢？我边想边去开门。打开门一看，一位女生，看上去挺高大的，但看不出是哪个年级的。

“你好，请问有事吗？”我主动问。

“高老师好！我想咨询些问题，不知老师是否有空？”

“有空！请进来吧！今天怎么这么早来，才七点呢！一般八点才开始咨询的。”我边请她进来边调侃着。

“不好意思，打扰老师了，我专门跟督导晚自习的老师请了假来的，我想咨询完回去赶紧做作业。”她诚恳地说。

“不打扰，我现在不是空着。”我边说边给她倒了一杯开水。

“你是哪个年级的？”我随意问。

“老师，我初一（1）班的，您不是给我们上过课吗？”她微笑着说。

“哦！不好意思！我上课的班级太多，没记住，抱歉！”我带着歉意说。

“没事！学生那么多，您不记得也很正常！”她宽容地理解了我。

“今天来想跟老师聊点什么？”我轻松地问她。

我想转学

“老师，我想转学！”她突然说。

“为什么呢？”我急切地问。

“这里的同学和老师都不好！”她回答。

“是吗？怎么回事呢？你详细说说看。”我鼓励她说下去。

“老师还勉强可以，我就是感觉同学特别不好！”

“同学怎么不好？”

“她们都不理我，孤立我！”

“你想过为什么她们要这样对你没有？”

“我想过，感觉自己并没有做过什么，也没有得罪过任何同学。不知为什么她们突然这样对我！”她苦恼地说。

“那你就保持沉默。惹不起还躲不起吗？”我给她出主意。

舍友讽刺

“可是她们在宿舍经常讽刺我。真让人受不了！”她说。

“只要她们不指名道姓地骂你，你就当什么也没发生。这样可以避免矛盾的进一步恶化。”我开导她。

“嗯，这个倒不会，我一般不和别人吵架。只是听到她们在那里说我，我觉得挺难受的。”

“有的时候可能是你过于敏感，也许她们说的不是你呢！”我继续开导她。

难道友谊如此不耐磨

“有可能，但我感觉她们是在说我！其实，我以前和她们相处得很好，大家彼此都很关心对方，我们一起吃饭、一起回宿舍，情同姐妹。但进校后大约一个半月吧，大家就开始慢慢疏远，某几个同学开始玩得比较好，还有另外两个同学也玩得比较好。我到现在都弄不清楚为什么这么好的友谊说没就没了？难道友谊如此不耐磨？”她回忆。

“这很正常。刚开始进校时，同学间彼此都不认识，大家都渴望交往，所以都会把自己的优点展示给别人。但是，彼此熟悉了之后，认识慢慢开始加深，缺点和矛盾开始显露，必然会导致关系的淡化，会从开始时的群体交往到后阶段的小群体交往或单独个别交往。这里面并不是你得罪或没得罪谁的问题，而是大家在交往中慢慢跟自己志趣相投的人走在了一起，观点不同的就分道扬镳了。你现在就是出现了这种情况。”我跟她分析。

“那我该怎么与她们交往呢？怎样才能找到自己的知心朋友呢？”她疑惑地问。

寻找密友

“首先，不和她们发生任何冲突是交往的底线。其次，慢慢地了解她们不和你玩的原因。最后，待人宽容、大度些，切勿斤斤计较，才能慢慢地改善关系。我以前带班时，初一时在宿舍里打架的两个女孩子，到了初三就成为形影不离的好朋友了。后来我想给她们换宿舍，她们都坚决不同意。这说明同学间的交往需要磨合。同时，交友强迫不得。不是说我没有朋友你就必须做我的好朋友，那样会出问题的。关键是随缘，彼此有共同语言、志趣相投才更容易成为密友。其实，没有朋友不一定是最难受的，很多时候孤独也不一定不快乐。读书就需要忍受孤独，才能静下心来学习。否则你刚看一点书，同学就来打扰你了，读书效果未必好！当然，我不是提倡不交朋友，而是说如果暂时没有朋友也不要紧，可以将精力转移到学习上来，可能在学习的过程中，你不知不觉就找到了自己的密友，因为都有共同的爱好——看书、学习等。你说呢？”

“嗯，我现在有一个好朋友，在另外一个宿舍。”

“那挺好啊，不在同一个宿舍，起码在同一个班！其实在班里的时间比在宿舍的时间多，在宿舍的时间除了睡觉外，可以说是很少了。”我鼓励她。

“也是啊！谢谢老师的开导，我现在心情好多了！”她笑着说。

“那太好了，其实解决问题在于一种心境，你想通了就开心了，想不通就郁闷。很多时候，快乐与否由我们自己决定，但不少人都把快乐的钥匙交给了别人，所以他始终不快乐！祝你在以后的学习生活中找到更多的快乐！以后有任何问题可以随时再来找老师。”我鼓励她。

“谢谢老师，我会的！”她微笑着离开了心理咨询室。

辅导后记

看着她愉快地离开了心理咨询室，我感到一阵轻松。人际交往问题是中学生常遇到的一个热点问题。有了良好的人际关系，人才有归属感和安全感，心情才能愉快。文中主人公主要在适应初中的人际关系中遇到了挫折，对同学比较敏感和多疑，心里感到紧张和不安，进而觉得自己与周围的人格格不入，产生心理压力，遂产生转学想法。通过与她的沟通，她重新认识和评估了自己的人际交往能力，重新燃起了对人际交往的信心和希望。希望同学们能从这个案例中得到一些与人交往的启发和思考。

最后，请大家记住，尊重、真诚、宽容、信任是人际交往中非常重要的原则。

真情寄语

人类的心理适应，最主要的就是对人际关系的适应。

心理学家做过这样一个实验：当一个刚刚开门的大阅览室里只有一位读者时，心理学家进去拿椅子坐在他的旁边。实验进行了整整80人次，结果证明，在一个只有两位读者的空旷的阅览室里，没有一个被试能够忍受一个陌生人紧挨自己坐下。在人与人之间的交往中，不同的人际关系存在着不同的人际距离，如果超越了默认的人际距离，问题就来了。本文中的主人公就是这样的情况，情同姐妹的好朋友之间跨越了默认的距离，结果……

二、朋友再好也有界

引言

今晚真忙啊！刚刚送走一位高三的同学，坐下来还没到两分钟，又有人敲门了。开门一看，是三位女同学。

“高老师好！我们想咨询！”她们齐声说。

“是吗？三个？”我反问。

“是的！”她们三个笑声不断，一点也不像来咨询的，我还以为她们来故意捣蛋呢！便说：“我这里只接受个别咨询，你们一起不方便，一个一个分开来吧！”

“老师，我们的问题是同一个问题，不用分开的。”她们说。

“哦，那好吧！你们都进来坐吧！”我同意了她们的请求。

“谢谢老师！”她们笑嘻嘻地进来了。

“你们是哪个年级的？”

“初二年级的！”她们齐声回答。

“哦，想跟老师聊点什么呢？”我引导她们开始进入咨询。

三人相互推脱了一下后，一致同意让其中一位代表说。

友谊破裂

“我们和好朋友闹矛盾了！”那个女孩说。

“怎么回事呢？”

“我们四个女同学是同一个班的，而且一直是舍友，从初一到初二，我们一直是形影不离的好朋友，每天、每时、每刻都在一起。一起去食堂吃早餐，一起去教室，下课一起玩耍，中午也是一起做值日，一起去食堂吃饭，一起回宿舍休息等，可以说是密友，用我们桂林话说就是‘狗肉’朋友（形容特别好的朋友关系）那一类。一年多以来，我们一直是这样，互帮互助，感觉就像一家人，不分彼此，学习上也相互帮助。她是我们四人中学习最好的一位，也是我们四人中最有个性的一位，不过我们都能理解和包容，大家一起过得很开心。进入初二以后，我们四人之间就开始出现矛盾，主要是她与我们三人的矛盾。从上学期开始，她分别向我们三个借了好多钱。她说还，但一直都没有还。我们善意地提醒过她几次，她总说下周还，但都一个多学期了，她还是没有还，现在她几乎再也不提还钱的事，而且慢慢和我们三个疏远了。我们也不好意思开口直接问她要钱，但我们也没有多少钱啊！真的很无奈。现在我们跟她的关系更紧张了，都不知道怎么跟她说。她老问我们为什么不等她了，我们一直不好开口。我们也不想孤立她，毕竟大家都是好朋友，但是她也太不像话了。我们也不敢跟她家长和班主任说，因为怕伤害她。我们现在真的很矛盾，不知道该怎么办？”她一口气说了她们的事情。

借钱不还

“她分别借了你们多少钱？”

“借了银广英 174 元，借了肖艳 127 元，借了我 95 元。都是分几次借的，单是银广英就被借了 4 次。”

“既然你们知道她有借不还，那为什么还要借给她呢？你们不是故意让她负债累累吗？”我反问她们。

“我们都是好朋友，她都知道我们有多少钱。当时她买东西急需钱，说下周回来就还。我们不借怎么可能！”她们苦恼地说。

“嗯，也是，那还是直接跟她说吧，让她分批还，一次还这么多钱可能有困难。”我提出建议。

“我们就是说不出口！怕伤害到她。”她们齐声说。

“你们如果不说，就会让彼此都很难受，与其这样还不如直接找她说清楚。虽然你们说怕伤害她，可现在你们的关系不是已经出问题了吗？不说更麻烦！”我跟她们分析。

“嗯，那好吧，我们回去试试！假如我们跟她说了，她还是不还怎么办？”

“那就只能跟她家人说，或让班主任出面解决了。但最好不要采取这种方式，否则你们的友谊可能就彻底结束了。万不得已的情况下才能这么做。建议你们耐心地多次提醒她，然后让她分期分次还你们会比较好。”我给她们出主意。

“好的，谢谢老师！还有一个问题就是我们以后怎么和她相处？”

“你们三个对她持什么态度？”

“当然不想和她分开喽！”她们三人齐声回答。

“那就得了呗！继续交往就行了，她肯定也不想和你们分开，从心理学的角度看，没有哪个人想被孤立，任何人都有与人交往的渴望，更何况你们以前还是情同姐妹的‘狗肉’朋友呢！”我鼓励她们。

“好吧，我们回去试试。谢谢老师！”

“不用客气，之后还有什么事可以随时来找老师。祝你们催债成功！关系恢复如初！”

“好。谢谢老师！老师再见！”她们离开了心理咨询室。

尾声

后来，我在二楼办公室的走廊上碰见了她们中的一位，我问她那个同学还钱了吗？她告诉我那个同学分 4 次总共 4 个多月还完了欠她们的钱。现在，那个同学和她们相处得还可以，但没有以前那样亲密了。那个同学现在和班里的另外一个同学比较好，平时很少再跟她们三个一起玩，只是课间还偶尔聊聊天。

辅导后记

现实生活中，我想这样的例子不少。问题的根源在于是否超越了人际距离。比如，案例中的四位同学，她们是密友关系，而不是亲人关系或恋人关系，但那位借钱的同学将密友关系的人际距离升级为更亲密的距离，因此就出了问题。再好的朋友也是有界线的，不同的交往程度适合不同的人际距离，盲目超越将带来麻烦。

当然更重要的是她拖着不还钱，因此让同学对她产生了不好的印象，最终她自已也不好意思再与之交往下去，寻找了新的朋友。这给我们所有的同学以思考：注意保持适合的人际距离是人际交往成功的重要保障。同时，借别人的钱应当及时归还，如果一时半会儿还不了，应向同学说清楚，约定下次还钱的时间，切忌不说也不行动，让人误解，导致关系破裂。

真情寄语

亲密并非无间，美好需要距离！

方芳，初二年级学生。在她两岁多时父母就离婚了，她被判给了爸爸。但往后的日子她一直跟着爷爷奶奶长大，父母基本不管她。然而，上帝总是捉弄人，在她7岁时爷爷因癌症离她而去，不到一年，奶奶也跟随爷爷去了。就这样，刚满8岁的她失去了最深爱的两位亲人，无奈之下只能跟父亲一起生活。然而父亲有暴力倾向，她不听话时差点被父亲打死，还好有阿姨（父亲的女朋友）在才幸免于难。如今进入叛逆期的她，再也忍受不了父亲的折磨，决定与父亲断绝父女关系。让我们一起去聆听她的哭诉吧！

三、不能丢失的亲情

引言

周二下午5点27分，我的手机响了，来电显示是陌生人电话。

“喂，您好！请问找哪位？”我习惯性地接了电话。

“您好！是高老师吧！我是初二的一位学生。我现在遇到很大的麻烦，想找您咨询，不知老师什么时候有空？”电话那边传来一位女孩的声音。我能从听筒的那边感受到她在哭泣。

“有空，你现在在哪里？”

“在学校门口的电话亭。”

“那你直接到四楼心理咨询室来吧，我在这里等你！”由于事情比较紧急，我就破例在非心理咨询值班时间接待了她。

三分钟后，她来到我的办公室，敲了门后就直接进来了。一眼看上去，她个子高挑、清纯美丽、惹人喜爱！一进门，她就打招呼：“老师好！”

“你好！请坐吧！我给你倒杯开水吧。”我热情地招呼她。

“谢谢老师！”

“刚才你怎么了，好像哭了吧？”

爸爸暴力

“嗯，我在校门口的电话亭给我爸爸打了个电话，他在电话里训我，说周末回去要打死我！他还问我到底还读不读书，不读就回去，别在这里浪费他的钱。”

“是吗？发生了什么事情让你爸爸发这么大脾气？”

“上周我去外面买东西丢了 100 块钱，这是他给我的零花钱。我丢了后不敢告诉他，就找同学借了用，后来我找他要钱来还同学时，他问给我的钱去哪了？我说用了，然后他就很生气地说我乱用钱，在学校瞎混，浪费他的钱。”

“你爸爸是做什么工作的？”

“开车的！每天都很辛苦。”

“那就对了，你爸爸赚钱不容易，你骗他把钱花了，他肯定很生气。你要站在爸爸的角度想问题啊！”我开导她。

“这个我理解，但我爸爸真的很暴力，上次我因为在学校调皮，班主任告诉他后，他回去把我关起来打，差点把我打死了。我最怕他了！”

“他打你时，你妈妈都不管吗？”

父母离婚

“我爸妈很早就离婚了，我被判给我爸爸！”

“你多大时他们离的婚？”

“爷爷奶奶告诉我，我不到三岁时，他们就离婚了。之后我一直跟着爷爷奶奶生活，他们对我特别特别好！我读小学二年级时，爷爷就患肝癌去世了，当时我简直要疯了。爷爷临终时叫我以后好好听奶奶的话，认真读书，将来考个好的大学。但是，老天总是喜欢捉弄人，就在爷爷去世不到一年的时间，奶奶也跟随爷爷去了。当时我才八岁，读小学三年级，那一段时间我几乎快要崩溃了。人生中对我最好的两位亲人都离我而去了，当时我都不想活了。但是奶奶临终前告诉我，以后要听爸爸的话，实现爷爷的梦想，这样她和爷爷在天之灵就满足了。我答应奶奶一定做到。之后很长一段时间里，我都沉默寡言，直到五年级才有所改善。但我爸爸的脾气特别不好，我经常挨他打。妈妈告诉我，当年就是由于我爸爸太暴力，她才选择离婚的。我自己也搞不清楚，妈妈老说爸爸有多么多么的坏，而在爸爸面前，爸爸也说我妈妈多么多么没有良心，我都不知道听谁的了。他们两个每次见面都吵架。我难受极了！”她几乎哭着说。

“你真的很不容易啊！听了你的哭诉老师心里也特别难受。你父母各自重新结婚了吗？”我心里也特别沉重，为她的不幸感到伤痛，觉得她真的很坚强。

“都没有结婚，我爸爸找了一个阿姨，但一直没有结婚。阿姨对我挺好的，但也经常被我爸爸欺负，前段时间我爸爸还说要和阿姨分手呢！我妈妈也找了一个男朋友，也是一直没结婚，听说那个男人有老婆和小孩。”

“你能坚强地走到今天，真是非常了不起。”我鼓励她。

“没什么！只是我特别怕我爸爸打死我！”

“你爸爸这是家庭暴力！你可以直接找律师告他去！”我气愤地说。

“我也曾经想过这样，但他毕竟是我的亲生父亲啊！我始终做不到。”她很矛盾地说。

“嗯，也是，你真懂事！”我表扬她。

“那怎么办？你总得解决这个问题吧，否则你爸爸哪天如果失去理智真把你打出问题，那就遗憾了。作为老师，我都会很自责的。”

“我也不知道怎么办？我想最好的办法就是我离开他，跟他断绝父女关系，这样我就可以摆脱他的‘魔爪’。”她天真地说。

“但是你现在还是未成年人，没有独立的经济和生活能力，离开爸爸以后你也难以生存。而且，你和你爸爸断绝父女关系也不太现实，毕竟他是你爸爸！我理解你被他毒打的悲痛心情。我们只能想其他办法了！”我宽慰她。

“那怎么办？老师，我真的很怕我爸爸，上周我就差点被他打死了，后来我还被他锁在屋子里面，最终是阿姨把我放出来的。”

“只有一个办法了，我跟你爸爸沟通，你看如何？”

“能行吗？假如这样做，我爸爸不是更要打死我了。”她担心地说。

“我想你爸爸还不至于这么极端吧，我跟他好好沟通的话，应该可以缓解这个矛盾的。试试看，好吗？”

“好吧！谢谢老师！”

与父沟通

后来她把她爸爸的手机号码给了我，我拨通了她爸爸的电话。她爸爸还在生女儿的气，在电话那头发牢骚。后来我跟他约时间见面，他爽快地答应，并按时来到了学校，跟我进行了大概一个小时的沟通，说孩子如何不听话，自己如何不容易。

针对父女俩的矛盾，我让他们两个在我的办公室做了角色互换游戏，反复让他们体验并说出感受和体会。在他们多次相互交换角色后，双方都体验到了对方的不易。于是她向爸爸道歉了，爸爸感动地流下了泪水，也给她道了歉，并保证以后不再打孩子。看到这个令人感动的场面，我也受到了感染，觉得这对父女也真的很不容易。

尾声

后来，我通过她的班主任了解到，她爸爸自此再也没有打过她，她的学习成绩也比初二时进步了很多，中考她考取了“一等”（4A2B）的好成绩，被桂林某重点中学录取了。她现在学习状态非常好，并告诉我她一定要实现爷爷对她的期望。

辅导后记

父母的养育风格，直接决定了亲子交往的质量，也是影响教育效果的神奇开关，对于孩子的社会交往技能的发展影响深远。

严格不一定就是好！一味地要求孩子，当孩子没有达到标准时，即以打骂孩子的方式管教，并不能取得理想的效果，这已经被很多实例所证实。案例中的父亲如果早点改变打骂孩子的教育方式，相信孩子的成长会更好些，心灵的创伤会更小些。希望本文能给使用暴力的家长一些启示！

真情寄语

父亲和母亲是如同教师一样的教育者，他们不亚于教师，是富有智慧的人类创造者，因为孩子的智慧在他还未降生到人间的时候，就从父母的根上伸展出来。

新学期伊始，班里换了新老师，最重要的是连班主任也是新老师。大家都在急急忙忙认识新老师、接纳新老师、走近新老师。小娟也不例外，她也在努力与老师沟通，希望与老师建立良好的师生关系。但她在与班主任沟通的过程中发生了误会，导致她们现在的关系紧张。在几次沟通不畅的情况下，她越发烦恼，毕竟天天都得与班主任见面。无奈之下，她决定找心理老师帮忙，化解这个她很不想发生的矛盾。

四、新老师，让我喜欢让我忧

引言

有天晚上，我正在教室里陪学生看《新闻联播》，有学生提示外面有学生找我。我出去一看，是一位高二的女同学。她身材高挑，穿着时尚，是属于性格开朗的那类女生。还没等我说话，她便开了口。

“老师，您今晚有空吗？我想咨询！”

“有空！我跟别的老师说一声就去四楼办公室！你等我一下！”跟督导晚自习的老师打了招呼后，我就跟她一起来到心理咨询室。

由于路上不方便说正事，我们边走边闲聊。她爽快地告诉我她是高二文科一班的，家住桂林市区，父母都是公务员。简短的闲聊后我们到了办公室，我习惯性地给她倒了一杯开水后，就直接进入主题。

“遇到什么烦恼了？”我关心地问。

师生矛盾

“我和我们班主任最近吵了一架！很不爽！我现在越发觉得老师在故意针对我、找我的茬，对我很有意见。”她气愤地说。

“是吗？因为什么事情吵架？你跟老师详细说说。”

“我今天中午做值日，负责擦黑板和讲台，她进教室后就指责我讲台没擦干净。其实已经很干净了，都能照出人影，您说干净没有？我当时就跟她顶起来了，我说哪里不干净？她就给我指出哪里哪里不干净，让我重新擦！反正我做的过程中一直不爽，嘴里还一直咕哝着。做完后，她就把我拉到教室外面来谈话，我当时很气愤，基本没听她讲。”她愤愤地说。

“其实就是两位对干净的评判标准不同而已。老师要求你做干净点，你做干净点不就得了！”

“才不是这样呢！其他同学做的时候，比我这个还差，她都不说什么，我做得还干净些，她就说东说西的，就是对我有意见！”她还是很激动。

“你觉得老师对你有意见，那你以前跟老师发生过矛盾吗？”

指导
新老师

误会当真

“发生过！但那其实是一场误会。我在办公室见到我们以前初中的老师，他问我们班主任是谁，我就告诉了他。当时老师就说，那很幸福啊，她有几十年经验，带班一直非常好。我说是啊，我也觉得我们班主任很好！而且我还跟这位老师说了我们班主任的很多优点。但没想到后来这位老师去跟我们班主任说了，说我怎么怎么表扬她，但我们班主任可能误解了，以为我在背后说她的坏话、数落她！”

“那你去跟班主任解释清楚不就好了吗？”

“解释了，可她就是不听！表面上她听了我的解释，但心里还是觉得我在撒谎。我真是拿她没办法！早知如此，当时不提她就好了。真是倒大霉了！”

“不会吧，是不是你感觉错了！自己心里产生了错觉，老以为老师在跟你作对。我也是老师，我觉得老师好像没那么无聊吧，每天都忙得不行，哪里还有时间跟学生斗气啊！你觉得呢？”

“我开始也这么觉得，是不是我自己的错觉。但我后面觉得这个老师真是这样，别看她老，越老越怪！年轻老师哪有像这样的！”

“你们班主任平时对别的同学也是这样吗？”

“没有，就对我一个人是这样的。”

“我觉得你们之间的确是存在着误会，至少你对老师是存在着误会的。这个误会必须消除才行。”

“那怎样才能消除这个误会呢？”

消除误会

“从几个方面去努力吧。第一，你自己从心中抹去对老师的误解，不要对老师的期望太高，要以平常心去面对老师，平时做事认真些，对老师客气些、礼貌些。老师让你做的事，你保质保量完成。做任何事情，尽量多征求老师的意见，这样矛盾就会少很多。如果这样还是不能缓和矛盾的话，可以试试第二种方法，就是选择过节或老师生日时，给老师发短信祝福或送老师卡片，以表达你的心意。老师也是人，都是有感情的，相信你的诚心和真心会打动老师的。最后，上课回答问题尽量积极些，不懂的问题要勤问老师，让老师感受到你学习的上进心和积极性。一般老师都比较喜欢积极上进的同学，特别是当她看到你努力去学习她讲授的那门科目时。有时候老师会认为你是因为喜欢她才喜欢她那门科目的。其实我们在学习中也是这样，一般比较喜欢哪位老师，就比较喜欢哪门课，做作业首先选择那门课。最后做的作业常是我们最不喜欢的那门课。不知你是否有同感，我做学生的时候就是这样，其他好多同学也是这么给我说的。”

“嗯，我也是这个体会。一般比较喜欢哪个老师就比较喜欢哪门课，平时也最想做那科作业。我回去后会好好努力，首先一定克制住自己的情绪，不再跟老师发生冲突了，努力做一位积极上进的好学生。其实，我的成绩一直都很不错，其他老师都特别喜欢我。”她愉快地说。

“老师相信你能处理好这件事。其实就是转变自己的观念，主动跟老师沟通，消除隔阂就好了，我相信没有哪个老师是想和学生闹矛盾的。毕竟都是教育工作者。‘学为人师，行为世范’啊！”我笑着跟她说。

“嗯，也是，可能是我真的误解老师了。我回去好好调整心态，有什么事情再来找您。谢谢老师！”她高兴地说。

“不客气，有事欢迎随时来找我。呵呵！”

尾声

后来，我在食堂碰到了她。她高兴地告诉我，她现在和班主任的关系非常好，老师让她做了学习委员，上学期期末她还评上了“三好学生”！

辅导后记

学生跟老师天天相处，难免会有摩擦，但只要彼此宽容、理解，我相信再大的矛盾都可以化解。文中主人公也如此，如果平时对老师更礼貌些、尊重些，我相信每一位称职的老师都会爱护这样的学生的。人与人之间交往，切忌小肚鸡肠，胡乱猜疑。师生交往也是人际交往的一部分，也需要彼此的包容。

真情寄语

要想别人尊重你，必须先尊重别人。

初中时，她是一位活泼开朗的阳光女孩，但进入高中以后，由于与舍友的一些“小事”，她失去了朋友。虽然她努力地使出浑身解数，但还是没有办法恢复以前的友谊，因此陷入了苦恼和烦闷中，她为自己总是那块主动去黏朋友的牛皮糖而无奈……

五、友谊里的牛皮糖

引言

她上周就跟我预约好周一晚上来咨询，结果由于老师晚自习要讲课，所以不得不特地来找我改期。周四晚上，她再次来到我的咨询室。

“咚咚咚……”响起了几声轻轻的敲门声。

“等一下！”由于我正在写稿子，所以应了一声，然后走去开门。

“高老师，终于等到您在的一天了，前两天我来都是另外一位女老师。您今晚有空吗？我想咨询。”她很兴奋地说。

“呵呵，上周不就约好了，快进来吧！”我很愉快地接待了她。

遭遇冷落

“高老师，我这段时间很烦，感觉到自己很孤独！”她刚开始说就哭了起来。

我连忙把纸巾盒递给她，并安慰她：“遇到什么伤心事了？”

她哭了大约一分钟后，停止了哭泣。

“我最近很难过，觉得高中生活很没趣。初中时我本来很开朗的，现在变得很沉默了。最近宿舍里的几位同学把我和另外一个同学当空气了，她们五位玩得很好，常常不理我们两个，以前我们关系挺好的，不知是怎么回事，现在关系很冷淡！她们对我们也不坏，反正就是很普通，我们很难走入她们的圈子里。我和另外的那位女孩子玩得也不是很好，我们的性格差异比较大，我是一个急性子，而她很慢，我经常等她，有时急得都要疯了。可我又不想一个人走，所以感觉很无奈。我现在学习成绩也下降了，更加让人着急！”她很难过地说。

“那你和那几位同学之间有没有发生什么特别的事情呢？”

“没有啊？好像很平常。没有发生什么大的矛盾啊！”她不假思索地说。

“是吗？再好好想想。”

“嗯，好像有一件事吧！不知道算不算。”

穿错衣服

“进校不久，我穿错了我们宿舍一位女同学的衣服。她用我的挂衣架

朋友

晾的，我也有一件和她差不多的衣服。我当时没有注意，以为是自己的，就拿来穿了。穿了一周后，打开自己的衣柜才发现，自己的衣服在衣柜里。我主动地把衣服洗干净、晾干了还给了她，并主动给她道歉了。当时她非常生气，不过过了一段时间就没事了。其实我也不是故意的。”

“是吗！我相信你确实不是故意的，我相信她们也会认为你不是故意的。但她们心里可能对你产生了一些其他的想法。这件事可能对你和她们的关系有一定的负面影响。”

“可能吧，我也有感觉。”

“但事情已经发生了，这是没有办法避免的，而且你确实不是故意的。对吧！我觉得你可以试着和她们沟通一下。”

性格差异

“我已经和她们沟通过了，她们说我这个人挺好的，就是经常愁眉苦脸，没有一丝笑容，觉得我这个人深不可测。”

“我觉得这个可能是问题的关键，不仅是她们几位，其实很少有人会喜欢跟一个愁眉苦脸的人交往。每个人的情绪都会在不知不觉中影响着同伴，所以你以后还必须多一些笑容才行。其实，多一些笑容对于缓解自身的压力和维持自己的身心健康都很有好处。同时，微笑待人也是人际交往取得成功的重要要素。”

“嗯，这个我知道，我也想多些笑容，但不知道为什么就是笑不出来。其实，初中的时候我是一个很开朗的女孩子，经常笑的。就是进入高中以后，尤其是与舍友相处不融洽后，我就基本上天天闷闷不乐，恶性循环，以至于现在已经开始影响到我的学习成绩了。下周又要月考了，我心里一点底都没有。我成绩还可以吧，但有下滑的趋势，我很担心这次会更差。”

“和你谈了这么久，老师已经感觉到你很苦恼和困惑。你现在确实陷入了恶性循环中不能自拔。所以你来找高老师求助，对吧！”

“是的，其实我也试过很多次跟她们交流，但都失败了。有一次，在篮球场拔河时，我看着她们几位聊得很开心。于是，我走过去靠近她们，但是不知道为什么我靠近她们后，就没话跟她们说了，变得很尴尬。”

走出困境

“这主要是你们之间有一定的人际距离，她们几位同学的人际距离很近，而加入你以后，她们自然就不说话了。而你对她们又不是太了解，所以也不知道说什么才能引发她们的兴趣。所以人们常说，朋友之间首先是要有共同语言、共同爱好，否则很难谈到一块去。因此，她们不理你，你也别太难过。你必须明白这是正常现象。其实，在人际交往过程中，不是每一个人都可以成为知心朋友的，大部分人只能成为普通朋友，只有极少数跟自己志趣相投的人才可能成为你的好朋友。所以很多时候，我们都渴望找到好朋友，但我们必须主动去与人交往，真诚待人，在不知不觉中建立友谊。如果一味地去追求某人或某些人一定要成为好朋友，就会自找烦恼。尤其是当别人拒绝与你交往时，这种交友的挫败感更加强烈。我感觉你现在为了追求与她们的交往，失去了真实的自我。高老师建议你与这些同学保持普通的同学关系，如有机会深入交往时再说。

同时，建议你去寻求新的交往对象，不过不要强迫追求友谊，否则又会碰壁，一切随缘就好。这期间，你必须努力优化自己的性格，平时多一些笑容，少一点忧伤；多一些自信，少一点自卑；多一些主动，少一点被动。把自信写在脸上，把眼泪流在心里，把微笑带给他人，把忧愁带来心理咨询室，高老师随时恭候你的到来，愿倾听你的烦恼与苦闷，帮你走出暂时的困境。”

“谢谢老师！我会努力的。但是现在还有一个家庭的问题使我很难过、很苦恼，也找不到解决的办法。它深深地影响着我的心情、交友和学习。”

父母分居

“我父母已经分居多年了，但他们又不去办理离婚手续，我夹在中间很烦。妈妈一个月只有几百块钱的工资，爸爸好一些，一个月有 3000 多块钱。但他每年要拿 1 万块钱来供我读书，所以我心里很难过，觉得自己现在的成绩很愧对父母。”

“父母的事，我们当小孩的是很难改变的。最关键的是我们要面对这个现实，理解他们。他们之间肯定产生了不可调和的矛盾，所以才导致现在的分居状态。学习努力了就好，关键是做到问心无愧。我们努力学习，更多的是为了自己的将来，而不是为了父母。当然，拿着父母的血汗钱来读书，心里肯定有些不好受，但老师希望你将此作为学习的动力，努力进取，争取更大的成绩，而不是把它当成自卑的理由，自责下去，这才是聪明之举。不过，这只是老师的一种观点，仅供你参考，最终要由你自己来做决定。”

“不过，我还是希望父母能够团聚，住到一起来。”

“老师能理解你！当小孩的没有一个愿意自己的父母闹矛盾，而且确切地说，父母他们本身也不想。但由于各种各样的原因，他们之间产生了矛盾。这些矛盾有些是可以经过一段时间调和的，但有些是永远也调和不了的，所以最后就选择了离婚或分居状态。你父母属于后者。所以你必须面对现实、正视现实，勇敢走出来，努力将自己的精力转移到学习上，发奋学习，才是当务之急。”

“谢谢老师！我其实也不想去想这些的，但很多时候不自觉地会想。不过经过老师的开导，我心里好受多了，我也明白自己以后应该怎么做了。”

“那就太好了，老师相信你一定能走出目前的困境。记住，以后遇到什么烦心事，随时来找高老师，找不到时可以给我打电话。”

“谢谢高老师，我会的！”

辅导后记

看着她愉快地走出了心理咨询室，我的心也暂时放了下来。在人与人交往中，我们总是习惯性地希望别人对自己好，却没有想过自己首先要对别人好。所以，要想自己的人际关系好些，请记住人际交往的黄金法则和白金法则。黄金法则是你想人家怎样待你，你也要怎样待人。白金法则是别人希望你怎样对待他们，你就怎样对待他们。只要同学们本着以上原则与他人交往，我想大家一定能找到理想的朋友。

真情寄语

己所不欲，勿施于人。

第五章
生活百味

网络，给人们带来了无法估量的便利、机遇、财富，也给人们带来了无法预期的潜在危机，青少年的网络成瘾就是其中之一。网络是把双刃剑，它能带来好处还是坏处，其实是由我们自己去掌控的。但作为学生的我们，往往不由自主地迷恋上了它，尤其对网络游戏很着迷。不少自控能力强的同学能很快从中跳出来，然而有一部分同学却沉迷其中，不能自拔。下面是一位初二同学的真实经历，让我们一起去聆听他的故事吧！

一、挣脱“网”的束缚

引言

我去班里跟学生一起度过新闻时间后，回到了心理咨询室值班。由于没有人提前预约，我打开电脑放了几首歌曲。不一会儿，传来了敲门声。我开门一看，是一位初中的男同学，个子小小，机智、可爱的样子。

“老师，我想咨询，方便吗？”他一开门就说。

“欢迎！进来吧！”我热情地招呼他。

“你是初中的同学吧！”我根据他的身高和面相随便问了一句。

“嗯，是初二的。”

“今晚找老师想咨询什么呢？”

成绩下降

“最近的段考，我的成绩下降很快！我自己都不敢相信了。再过两个月的时间我们就结束初二，进入初三的补课了。我现在很担心、很害怕！老师，您说我该怎么办？”他焦急地说。

“是吗？你总结是什么原因没有？”我提醒他反思和总结考试。

“总结了，可能是我这段时间以来特别放松，花在学习上的时间少了些。所以才考得这么差。”他诚恳地总结。

“嗯，找到原因就好！在以后的时间里争取抓紧时间好好复习就行了，坚持两个月，老师相信在期末考试时你应该能恢复以前的水平。”我鼓励他。

“但是我的自控能力比较差，我怕我控制不了自己，到时候又去玩了。”他焦虑地说。

“你现在不是已经吸取教训了吗？应该不会再放纵自己了吧！”我给他分析。

“一般情况下，我能控制住自己，但在某些东西的诱惑下，我就很难控制住自己了。”他认真地说。

“什么诱惑？”我追问。

网络成瘾

“老师，我迷恋上了网络游戏！感觉自己的网瘾越来越大，不能自拔了！”他坦诚地说。

“是吗？适当地玩玩网络游戏有利于开发大脑，不少同学都用它来发泄自己郁闷的情绪和缓解紧张的学习压力呢！你自己觉得有网瘾？为什么你会这么想？”

“是啊，有节制地玩游戏确实可以开发大脑，也可以宣泄不良情绪，但我现在无法控制自己，每天都去网吧玩游戏。我已经成瘾了！”他苦恼地说。

“你天天爬围墙出去上网打游戏吗？”我惊讶地问。

“不是，我是走读生，我家门口就是网吧，每天中午和下午放学后我都去。为了节约时间，我基本上直接吃三两桂林米粉就直奔网吧了，甚至好几次我都是把米粉打包到网吧吃的。我觉得这种情况真的很严重了！”他一口气说出了自己沉迷网游的过程。

“是吗？那确实挺严重了。你平时都打什么游戏？”

“《魔兽世界》！”他直言不讳。

“你玩的水平很高了吧？”

“嗯，还可以吧！但是我现在不想玩了，想学习，要不我肯定考不上重点高中。”

“有道理！你现在的成绩怎么样？”

“我的成绩从小学到初一一直都不错，就是自从初二开始沉迷游戏以后就有些下滑了。”

网吧
无期徒刑

“你成绩下滑，父母不知道吗？”

“他们工作都太忙了，没时间关注我。所以我中午和下午才有机会去上网。”

“你父母是做什么工作的？这么忙？”

“我爸爸是镇政府的，妈妈是工商局的，基本上都是早出晚归的那一类，很少有时间管我。”

“那你成绩下滑，班主任都没有告诉你父母吗？”

“差点告诉了，我求我们班主任暂时帮我保密，争取下次考好。所以我才想戒掉网瘾，好好学习，争取考好！老师，您说我怎么才能戒掉网瘾呢？”他渴求地问。

戒掉网瘾

“你自己有这么强烈的愿望想戒掉，应该没问题！”我鼓励他。

“首先，你从内心深处暗示自己不能再去玩网络游戏了，先产生戒掉网瘾的内动力。其次，需要外力来帮助你克服你对网络游戏的依赖，主要是从班主任、科任老师以及家长三方面来帮助你，应该就可以戒掉了。”我跟他分析。

“是吗？老师和家长怎么帮助我呢？”

“你把父母的电话告诉我，我跟他们沟通，说你开始有些迷恋网络，需要他们监督你的学习和生活，让他们配合你戒网瘾。让父母在中午和下午下课后按时来校门口接你回家吃饭，吃完饭后按时把你送回学校，交由老师辅导。老师负责帮助你制订补习计划。像你这么好的基础，再加上有老师的帮助，相信不出两个月，你的成绩就会突飞猛进。”我跟他建议。

“父母和老师会按您说的这么做吗？”

“这个我负责跟他们沟通，现在就落实。你自己好好珍惜就行。”我边说边让他把父母的电话号码给了我。

我分别打通了他父母的电话，他们听了很着急，说愿配合老师抓好儿子的学习和生活，从明天就开始按我说的去做。

我跟班主任联系后，班主任也很高兴，说这小孩有救了。他答应和科任老师商量，给他制订一个补习计划并落实下去。

尾声

经过父母、老师以及他自己的努力，他期末考试比以前任何一次考试都考得好。看着家长和小孩都这么高兴，我的心里也高兴极了，这也是我经手的第一例成功戒除网瘾的案例。从这个案例中我们不难总结出，要想帮网络成瘾的学生戒除网瘾，必须多方面齐心协力才能成功。就案例中这个学生的情况而言，一是自身的基础不错，二是班主任和科任老师都很支持，三是家长很配合。如果这三方面缺少任何一方，这个孩子想戒除网瘾都非常困难。所以，目前还沉迷于网络不能自拔的同学，希望这个同学的经历和成功能给你一点启迪。

辅导后记

网络成瘾是一种精神疾病，长时间上网会在大脑诸多神经元中制造上网兴奋点，这些兴奋点会使大脑对上网产生持续的兴奋，一旦成瘾后很难戒断。

怎样预防网络成瘾？首先，同学们要养成良好的上网习惯。上网前要有计划，明确上网的目的和时间，避免无节制地上网。如果不是为了学习而主要为了娱乐，则更需要按计划上网。漫无目的地“网上冲浪”，沉迷于网络聊天或网络游戏，会让时间在不知不觉中流失。其次，同学们要培养其他的兴趣爱好，丰富业余生活。业余时间多参加体育、文化娱乐或交际活动，这样不仅充实了生活，而且还可以提高自己处理现实问题的能力，从而避免依赖于虚拟的网络世界的情况。

真情寄语

网络是一把双刃剑，美丽却拥有毒性！

他来自农村一个贫苦家庭，学习成绩优秀。但他却跑来心理咨询室说他不想读书了，想退学回家种田。究竟什么事情让如此优秀的他产生了这样的念头？让我们一起去聆听他的故事吧！

二、苦难是一种磨炼

引言

某天，我正在和同事吃晚饭，手机响了，来电显示是未知电话，我习惯性地按了接听键。

“喂，您好！哪位？”

“请问是高老师吗？”话筒的另一边传来一位男孩的声音。

“你好！我是高老师，有事吗？”

“高老师，您好！我是高一的，想找您咨询，不知您什么时候有空？”他客气地询问。

“晚上 8 点到 10 点我都在咨询室，你直接来找我就可以了。”

“谢谢老师！今天晚上我去找您。”

“好的，我等你！”

吃完饭后，我早早地回到了办公室等他。过了一会儿，有人来敲门。我热情地去开门，一位中等身材、穿着朴素的男孩跃入我的眼帘。

“你好！你是打电话约我咨询的那位同学吗？”我主动问。

“嗯。高老师好！”

我热情招呼他进入咨询室后，习惯性地给他倒了一杯开水，然后开始了谈话。

“遇到什么困惑了？”我关切地问。

不想读书

“老师，我不想读书了！”他严肃地说。

“怎么啦？学不懂？”我以为他厌学了。

“不是，我学习挺好的。”他不假思索地说。

“那为什么不想读书了？我还以为你学不懂，厌学了呢！和同学闹矛盾了还是和老师吵架了？”

“都不是！我就是不想读书了。”

“不读书了，你想去做什么？”

“回家种田！”他掷地有声地说。

“是吗？你家农村的啊？”

“嗯，我家世代都是农民！”

“哦，但是你现在年龄也太小了吧。现在是你父母应该付出的时候，你的主要任务是学习，将来争取考一所好的大学，跳出农门！”

“我家里人没人去干农活了。”

“你父母不在家吗？你操这个心干吗？”

“家里只有我妈一个人干活。她非常累，我实在看不下去了。国庆节放假，我回去看到她一个人肩负全家人的重担，心里难受极了。本来放假结束后我不想回校的，我妈老催我赶快回校学习。在她的强迫下，我勉强回到了学校，但心里一直很压抑和难受。”他边说边哭了起来。

“怎么了？你爸爸呢？”

父亲去世

“我爸爸已经不在了！”他哭着回答。

“是吗？！什么时候的事？”

“今年 8 月份。”

“是怎么去世的？”

“肝癌晚期！我爸去世时很痛苦。他要我听我妈的话，好好读书，将来争取考所好的大学。我当时哭着使劲点头答应了他，过了一会儿他就彻底离开人世了。”他说着，眼泪汹涌而出。

我也受到了极大的震撼，关切地说：“突然失去父亲确实是件极其悲痛的事，但人死不能复生，节哀吧！你已慢慢长大，应该学会承担起家庭的责任。”

“是啊，所以我才不想读书了，我想回去帮我妈！我实在看不下去我妈一个人在家操劳。”他哭着说。

“你的想法很好，也很有孝心，但不读书怎么能实现你爸临终前的愿

望呢？这也是一种不孝，而且你妈也绝对不同意你不读书了回家帮她。如果你这么做，她肯定会气坏的。国庆假结束后她催你赶快回校上课，就是这个意思。”我安慰他。

“这个我知道，但我每天都在谴责自己，每天都心如刀割。”

“老师非常理解你突然失去父亲的伤痛，但这是没有办法改变的事实。你必须勇敢地面对这个现实，化悲痛为力量，发奋读书，将来考所好的大学，这样你父亲在九泉之下也瞑目了。努力学习本身就是对父母的孝敬。”

“嗯，谢谢老师！我其实内心深处是非常想读书的，但想到我妈我就特别难受。”

走出伤痛

“其实，老师以前也是出身农村。我读书时，家里也很穷，我也不想读书，想早点出去打工为家里减轻点负担，内心也是一直谴责着自己，因为家里辛苦赚来的血汗钱全部被我读书花光了，心里特别不是滋味。但困难的几年已经挺过去了，我现在不也有工作、能自主生活了！因此，我们在读书的关键年龄应该集中精力好好学习，将来才能更有出息。”我跟他谈起了自己的经历。

“老师，您真了不起！”

“你将来会比老师更优秀的。”我鼓励他。

“哪有啊！现在大学生多了，我怕读了大学都找不到工作呢，我家又没有背景和关系。”

“虽然现在大学生多了，但重点大学的毕业生还是非常受欢迎的。我觉得最终还是得看自己的能力，练就一身扎实的本领才是自己的生存之道。老师相信你通过自己的努力，一定能考上重点大学的。我们农村来的小孩最大的优点就是特别能吃苦，别人不能吃的苦，我们都能吃，这是我们的优点，我们必须充分利用好它。”

“这个我有同感，我们班里那些城市里的孩子特别爱玩。我们农村来的孩子基本一直都在教室里学习，个个都很刻苦。”

“你们绝大部分同学虽然家境贫寒，但学习刻苦、成绩优秀。你们要好好利用好这些机会，为父母争光，为学校争光，将来成为社会的有用之才。”

“嗯，我一定好好学习，争取实现我父亲的遗愿。”

“只要你努力，老师相信你一定会实现的。”我鼓励他。

“谢谢老师！”他轻松地离开了心理咨询室。

尾声

他离开咨询室后，我电话联系了他们班主任，并让他们班主任平时多关心一下他。班主任说知道他的情况，平时一直就很关心他，科任老师也特别喜欢他。他是一位各科发展都很均衡的学生，基础非常扎实，只要不泄气，考重点大学绝对没有任何问题。转眼几年过去了，他已结束高考。班主任告诉我，他正常发挥，考了 612 分，被中山大学录取了，专业为临床医学。听到他的好消息，我心里高兴极了。皇天不负苦心人啊，他通过自己的努力，终于实现了他父亲的遗愿，我想他父亲在九泉之下也瞑目了。

辅导后记

就像月有阴晴圆缺一样，人的一生不可能都在鲜花和掌声中度过，痛苦和磨难有时也与人生相依相伴。当痛苦降临时，有的人自怨自艾，意志消沉，一蹶不振；有的人则不屈不挠，在与痛苦相搏中感悟人生的真谛。相信大家读完这个案例后不难发现，案例中的主人公属于后者。我想对大家说的是：多一份苦难，就多一份对生命内涵的体验和理解，就多一份对人生的发现和顿悟，就多一份巨大的精神财富。走过严冬，欣欣向荣的春天就会向我们走来；在历尽苦难后，生命定会得到进化和升华。

真情寄语

世界上的事情不是绝对的，结果完全因人而异。苦难对于天才是垫脚石，对于强者是一笔财富，对于弱者是万丈深渊。

2005年，湖南卫视《超级女声》(简称“超女”)在全国热播。文中的主人公就是一位“超女”痴迷者。在“超女”热播的氛围下，她发了疯似的不想读书，想去参加“超女”的海选。在父母的反对下，她差点做了傻事。让我们一起去感受她的心路历程吧！

三、追星何以成病

引言

下午3点48分，我正在给高一的学生上心理课，手机就开始振动。4点10分下了第7节课后，我利用课间时间回拨了过去，接电话的是一位中年女性。

“请问20分钟前是您给我打电话了吗？”我问。

“请问是高老师吗？”

“我是高老师，请问您是哪位？”

“您好！高老师！我是一位学生的家长，我孩子有严重的问题，想请您帮忙，不知高老师是否有空？”

“我每天晚上 8 点到 10 点都在心理咨询室值班，您叫他直接来我办公室找我就可以了！”

“我孩子不是您的学校的学生，我孩子是 ×× 中学的学生，现在读初二年级了！不知高老师能不能帮帮忙？我们做家长的挺着急的。”

“是吗？我一般不接待外校的来访者，原因是太忙了，没时间！”我诚恳地说。

“我是久仰您的大名啊！所以专门从你们学校老师处获得了您的手机号码，想请您从百忙中抽空帮帮我小孩！”

“是吗？那我可能只有周六晚上才有空了！您方便吗？”

“没问题！”

孩子厌学

周六晚上，一位披着黄色卷发的时尚女性出现在我的面前。她着装很时髦，看上去大约 40 岁。

“请问是高老师吧？”

“您好！家长。”

“高老师，我的女儿不想读书了，您说怎么办？她才初二啊！”她着急地问。

“是吗？您跟她沟通过原因吗？”

“高老师，您怎么看待现在热播的‘超女’？”

“还可以吧，现在进入前十强的选手，唱歌都比较好听。不过我从头到尾都没有发一条短信支持过。”

“您觉得这个节目的正面影响大还是负面影响大？”

“对未成年的中小学生来说，可能负面影响大些。因为他们可能会觉得不读书、只要唱歌唱得好也可以获得巨大的成功，因而会滋生一些投机、懒惰的思想。”

“我女儿就是受‘超女’影响而不想读书了！她也想去参加‘超女’的海选。我们怎么说她都不听。”

“那你女儿有音乐天赋吗？”

“我们家几代人唱歌都还可以，但唱的最高水平也就是市级的了，还没有一个省级以上的歌手诞生。”

“您想让她去尝试一下吗？”

“没这个打算，因为我们都是业余的。她的水平我了解，肯定不行。”

“那怎么办？”

“我也不知道，所以才来求教于高老师啊！”

“我建议您主动跟孩子沟通，一味地阻拦是不行的，初二孩子的逆反心理最强，很容易跟大人对立起来，这样就麻烦了。”

“我跟她沟通过了，没用！她固执地要去，就是不想读书了。我怎么跟她说她都不听，甚至前几天还跟她吵起来了。结果她把自己关在卧室里怎么也不出来。急死人了！”她无奈地说。

“现在情况怎么样？”

“老样子。所以我想请您去跟她聊聊，开导开导她。您看是否可以？”

“我可以试试看，但您不能说我是心理老师，就说我是中学老师就可以了。”

“好的，那高老师您看在什么时间和地点比较好呢？”

“既然她是学生，我是老师，我觉得可能在学校比较好，就让她来我们学校吧！周日下午 3 点。”

“嗯，就按您的时间和地点，我到时和她一起来。”

学校见面

周日下午两点半，我提前来到学校办公室等候。3 点钟，我的手机响了，来电显示是这位家长的。我下楼去接她们母女俩，刚走到学校广场，就看见她们了。一眼看去，女孩挺高的，不低于 1.6 米，阳光、漂亮，还有几分时髦，看上去倒有几分明星样儿！我让她妈妈在一楼到处走走看看，带她到我带的班级教室里聊天。

爱好音乐

“你好，我是这个班的班主任，别担心有人会来赶我们走。”我先给她一点安全感。

“哦，高老师好！”她不太想跟我聊天，有些拘谨。

“你现在在哪个学校读书，读几年级了？”我装作不知道，跟她瞎扯，以打消她的顾虑。

“× × 中学，初二年级的。”

“你最喜欢哪个科目？最讨厌哪个科目？”我跟她随便闲聊着。

LOVE

“我最喜欢音乐！最讨厌数学！！”

“是吗？你很喜欢唱歌！”

“嗯，我挺喜欢唱歌的。”

“唱得最好的是哪首歌呢？”

“《隐形的翅膀》。”

“我也挺喜欢听这首歌的，平时经常听！这段时间经常看湖南卫视的‘超女’总决赛，感觉很爽！”我故意把话题转移到她的兴趣上来。

“是吗？老师，您觉得哪个选手最有可能夺冠？”她突然兴奋地问我。

“不知道！但我觉得李宇春的人气挺高，比较有可能！”我凭感觉说。

“嗯，我也觉得，我最喜欢的‘超女’就是春春了，我也是‘玉米’。我至少发了20条短信支持她了。”她兴奋地直言不讳。

“呵呵！你了解李宇春吗？”

“那还用说！她是四川人。”她不假思索地说。

“你知道她是哪所大学的学生吗？”

“四川音乐学院的。”她顺口就说出来了。

“嗯，看来你挺了解春春的啊！”我表扬她。

“那是，要不怎么是她的粉丝呢！”她得意地说。

和父母闹

“你不是喜欢唱歌吗？你怎么不去报名参加海选呢？”我觉得时机成熟，便直入主题。

“我也想啊，但我父母不同意！”她委屈地说。

“你跟父母好好沟通过吗？”我故意问。

“沟通过了，没用！我们甚至还吵起来了呢！严重的代沟，无法沟通！”她气愤地说。

“沟通不了，那你怎么办？”

“怎么办！‘凉拌’呗！不理他们了，我用不读书来和他们对抗。”

“你这样能行吗？”

“不行！但我没有别的办法了，只能这样！”她无奈地说。

“我建议你想点别的办法，因为不读书对自己也没什么好处。你说是吧！”

“嗯，但有什么好办法呢？”

化解矛盾

“我可以和你的父母沟通，做你们的中间桥梁。你只要好好学习，我相信你父母那里什么都好谈。但如果你不学习了，那肯定谈不来，而且你这样做还会惹你父母生气。”

“其实我也不是不想学习，就是他们不让我去参赛，所以我才去跟他们闹。只要他们同意我去报名参赛，我一定好好学习。”

“可以，我跟你父母商量一下吧！”

我让她在教室里等我，我去找她妈妈沟通。我在学校的大厅找到了她妈妈，跟她妈妈谈了我跟孩子的聊天内容后，她妈妈很高兴。我建议她父母给她机会去尝试，如果失败了她便自己回来，无须我们多讲，倘若成功了那不是更好吗？否则这样一直对立下去也不是办法。后来，她妈妈同意明年给她报名。我赶快回到教室告诉她这个喜讯。她得知后，高兴得几乎要跳了起来。我赶快趁热打铁，说道："前提是你现在必须好好学习，而且成绩进步了才行。"

她高兴地说："没问题，我一定努力去学，争取进步！"

本次沟通完，我让她跟妈妈见面，并且要求她拥抱妈妈，母女俩开心地拥抱了起来。妈妈的眼泪哗哗地流了下来，女儿也感动地哭了。临别时，我特别嘱咐她妈妈要监督她的学习，她也承诺要好好学习，争取进步。

尾声

后来，她妈妈告诉我，女儿学习状态不错，但就是沉迷"超女"。新一届"超女"选拔马上要开始了，母亲挺担心的。我开导她别担心，让女儿去试试，而且让她为女儿现场加油，让女儿感受到亲情的可贵。她妈妈后来告诉我，她陪女儿去参加了选拔，女儿被淘汰了。当时女儿哭得很伤心，父母两人劝了好久才平静下来。现在，孩子已经初三毕业，考上了一所普通高中，虽然学习状态一般，但和父母的关系比以前好了很多。

辅导后记

在青春年华里喜欢甚至迷恋青春偶像，是人生诸多美好的经历之一。

处于青春期的同学们之所以对明星非常喜欢，除欣赏明星的才华之外，很大一部分原因是情感需要——明星更多的是充当“梦中情人”的角色。在同学们眼中，明星是完美的，没有缺点的，是成功的标志。但是明星的背后有一套运行机制，他们往往由商业公司投资包装而成，在靓丽帅气的外表下也有非常普通的一面。

我相信，追星的事情还会发生。喜爱明星是正常的，但把自己的人生意义寄托于青春偶像，特别是人为制造的偶像身上，迟早必受其害！让我们共同引以为戒吧！

真情寄语

欣赏明星是可以的，但要明白生命的意义是什么，要学习明星身上的特质，而不是迷恋明星本身。

临近高考，对于即将第二次参加高考的一位复读生来说，他的心情越来越紧张，这些天开始睡不好觉，自己也弄不清楚怎么会失眠。反复挣扎后，他鼓起勇气，敲开了心理咨询室的门……

四、失眠没那么可怕

引言

刚上完下午的三节心理课，我感觉挺累的，于是去食堂吃饭后迅速回到了办公室，一下子瘫坐在沙发上。休息片刻后，我打开电脑放了首轻音乐，边听歌边浏览网页。8 点 26 分，有人敲门了。我调整好自己的情绪，愉快地去开门。打开门一看，是一位我以前教过的高三的同学。他成绩很不错，是我校的“阳光生”，因去年高考发挥失常而没有考上自己理想的大学，于是决定留校复读。转眼就又要高考了，他来心理咨询室应该与高考有关。我迎接他进入心理咨询室，给他倒了一杯开水，并主动跟他聊了起来。

“下个月要高考了，最近感觉怎么样？”我开门见山主动问。

天天失眠

“近来压力挺大的，这两天感觉胸闷，一直睡不好！天天晚上都短时失眠。”他诚恳地说。

“是吗！不过高考临近了，紧张也是正常的，如果不紧张反而显得不正常。但太紧张也不利于考试的发挥。一般来说，临近高考时保持适度的紧张是十分重要的。从你的描述来看，你现在的紧张有些过度了，必须控制。首先，你必须弄清楚你紧张的原因是什么。”我跟他分析。

“嗯，我也是感觉自己有点紧张过度了，所以才来找您咨询。我紧张的原因主要是担心自己这次高考如果又发挥失常，就会愧对父母和老师啊！”他沉重地说。

“你总结过去年高考发挥失常的原因了吗？”

“总结过了，就是考数学的时候，我为了把字写漂亮些而耽误了太多时间，导致没有时间去做后面的题目了。考试结束前半小时，我才猛然发现自己还有六道大题没做，于是我疯狂地写了两道大题后考试就结束了。后面的题目我基本都会做，就是没有时间写了。我考完出来就后悔极了，当时真是晕死了，就像着魔了似的，不能自拔。”他痛苦地回忆。

笑对失眠

“吃一堑长一智吧！过去的已经无法挽回，最重要的是这次考试不要再犯同样的错误。把握好做题的时间，最好自己带一块手表，看着时间做题就会好很多。既然你的实力还在，加之今年又再复习了一年，我相信你只要正常发挥，成绩应该会比去年好很多的。其实，这个时候最重要的就是自己的那一份平常心！用平常心去面对一切，才能让自己正常，甚至超常发挥。放下愧对父母、亲人或老师的这个包袱是极其重要的，而甩开这个包袱最有效的方法是进行积极的自我心理暗示。对着自己说：我已经非常刻苦努力了，从良心上说我对得起天地，对得起任何人。这样你的压力会小很多。同时还可以暗示自己：我已经充分地复习了！我充满自信！我笑对高考！凭着现在的实力，我可以轻易打败很多人！积极的心理暗示往往能换来想象不到的收获。你不妨一试。”我鼓励他。

“嗯，我回去一定好好试试！”

解决失眠

“其实解决失眠问题的方法很多，首先就是建立自信心。对偶尔的失眠，不必过分忧虑，相信自己的身体会调节适应。我在上心理课时给你们介绍过心理学家的睡眠剥夺实验。那些志愿者坚持连续 200 多个小时不睡觉，身体功能并没有受到损伤。而且实验结束后，只要连续让他们睡上十几个小时，就能基本恢复精力。所以，一两夜失眠不会造成任何问题，困倦时自然就会睡着。失眠之后越担心，就越会再失眠，到夜晚越难入睡。首先，停止睡前乱想，建立睡好的自信心。睡前保持良好的心境。睡前最好是心平气和，心情放松地睡觉。睡前半小时内避免过分劳心劳力的学习。即使明天要参加考试，也绝不带着思考中的难题上床。睡前听听难度大一点的英语课文，生词越多越好，有助于睡眠。其次，自己的睡眠时间一定要有规律，不要随意打乱自己的生物钟。避免失眠最有效的方法，是使生活起居规律化，养成定时就寝和起床的好习惯，从而建立自己的生物钟。关于生物钟，需要注意如因必要而晚睡，早上仍然要按时起床；如遇周末假期，应避免睡懒觉；睡眠不能储存，睡多了没有用；最后，每天睡前适量饮食有助于睡眠，如喝点牛奶、吃点面包和饼干等，但睡前喝咖啡、可乐、茶等带有刺激性的饮料，或者吃得过饱等，都很不利于睡眠，甚至还会加重失眠。以上是老师针对失眠提出的一些好方法，你回去好好结合实际去改善自己的睡眠吧！偶尔抽出半小时运动，也非常有助于睡眠和缓解压力，但这必须根据你的作息时间来定！”

“好的。谢谢老师给我介绍这么多方法，我回去一定好好用上。”

“如果在后面的备考过程中遇到任何问题，可以随时来找高老师，我每晚都在这里。老师就不耽误你太多的复习时间了，感谢你对老师的信任。下次再聊，祝你早日走出失眠的困境。”我鼓励他。

“应该说谢谢的是我，呵呵！谢谢老师，老师再见！”他笑着说。

尾声

看着他愉快地走出心理咨询室，我松了一口气，但失眠的问题要靠意志去克服。虽然理解了失眠的原因，但要想真正在行动上克服失眠，仍需要较强的自我控制力。我后来一直与他们班主任联系和沟通，了解他的后续情况，班主任反映说他平时状态还不错，也没有上课打瞌睡的现象。后来我在操场上见到他，问他最近睡得好不好。他愉快地告诉我，睡得很不错，现在不是睡不着，而是睡不够。呵呵！我真为他感到高兴，高三就应该是这样才对！7月份，高考成绩出来了，他正常发挥出了自己的水平，考上了自己理想的大学——哈尔滨工业大学。

辅导后记

失眠是毕业班学生很容易出现的心理困扰。绝大部分同学都是由于晚上睡觉时胡思乱想、压力过大、生物钟紊乱、情绪不稳定等因素引发失眠，又因不了解失眠的成因和调节方法，产生对失眠的恐惧感，进而导致恶性循环，部分同学为此还引发了其他疾病。因此，了解失眠的成因和调节方法是解决失眠的前提。相信同学们通过这个案例，对失眠会有一个初步的认识，以后的生活和学习中应注意调节，减少或远离失眠的困扰。

真情寄语

失眠本身并不可怕，可怕的是我们对失眠的焦虑和恐惧！

施媛，高二文科班的学生。她最近快要崩溃了，因为舍友和同班同学都认为她是小偷，偷了舍友的钱包。她感觉特别委屈，说自己并没有偷同学的钱，是不怀好意的人想栽赃陷害她，被人冤枉的心情坏到了极点。无奈之下，她走进了心理咨询室，想在这里洗清自己的罪名。她到底是被冤枉了，还是本就偷了别人的东西？让我们一起去感受她内心的煎熬吧！

五、我被陷害了

引言

刚送走一位来访学生不到10分钟，我喝了口水，本想马上整理好这个案例的，结果咨询室的门又被敲响了。我怀着愉快的心情去开门，一位身材高挑、长相漂亮的女孩跃入我的眼帘，但她看上去情绪不太好。我连忙把她请进了咨询室，给她倒了一杯开水。

“怎么，最近遇到烦心事了？”我关切地问。

“嗯，觉得自己最近挺倒霉的。”

“怎么说呢？遇到什么不顺心的事了？”我鼓励她说出倒霉事。

我不是贼

“别人都说我是小偷！”

“是吗？为什么呢？”

“昨天，我们宿舍有一位同学锁在自己衣柜里的钱包丢了。丢了以后，那位同学就要求每位同学都要打开衣柜让她检查。为了洗清自己的罪名，每个同学都打开了衣柜给她检查。她在衣柜里一件一件地翻，找了几个衣柜都没有找到。最后到我的衣柜了，她也是一件一件地翻，找出一件我就在床上整理一件。她找了一会儿，悲剧发生了，她在我衣柜的里面找到了她的钱包，可钱包里的173元现金全部不见了，其他的东西都还在。这还有什么好说的，在我衣柜里找到就表明是我偷了她的钱包！但我确实没有偷她的钱包，舍友都认为是我偷的。她们说如果是我被陷害了的话，我当时的反应应该是暴跳如雷，但是当时发现钱包在我衣柜里时，我的反应很平静。事实是我真的没有偷！我冤枉啊！！可是没人相信我。我告诉了父母，他们问我是不是我偷的，我说怎么可能！他们就相信我了。但是舍友和班里的同学都认为我是贼！”她边说边哭了起来，越说越伤心。

“好，老师问你几个细节问题，帮你洗脱罪名。第一个问题，你和她的衣柜都是锁着的吗？钱包怎么会在衣柜没被损坏的前提下，从她的衣柜跑到你的衣柜了呢？”

“我和她的衣柜都用的是三位数的密码锁，她说她在宿舍里经常对大家讲她的密码，人人都知道她的密码，所以我也知道她的密码。被偷了就说是我偷的。”她哭着说。

“那你的密码别人不知道，也不可能把钱包放在你的衣柜里啊！”

小偷
偷

“我和她的衣柜是紧挨着的，我们经常一起开锁，难保她没看到我的密码，就三位数，一般看一眼就记住了。我怀疑是她故意要陷害我。”她哭着说。

“不会吧，她为何无缘无故就栽赃陷害于你，难道她和你有仇？”

“嗯，我们曾经发生过矛盾，一直处于敌对状态，到现在为止都还没有化解。别人不可能知道我的密码！最有可能的就是她报复我。”她哭得更伤心了。

“你跟老师详细描述一下整个失窃过程好吗？包括她什么时候把自己的钱包放在自己的衣柜里，到失窃，再到在你的衣柜发现钱包的整个过程。”

“昨天早上，我走得比较早，她和另外两位舍友最后离开宿舍，她俩看着她把钱包锁在衣柜后才走的。上课期间是没有人请假回宿舍的，即便有也会有登记。从生活老师那里的记录结果来看，没有人请假回宿舍。中午放学后，由于我的饭卡丢在宿舍了，所以我一个人先回到了宿舍，然后泡方便面吃。之后我还洗了头，等我洗完头后，就有舍友回来了。等她们吃完午饭回来后，就发生了刚才讲的那一幕。我很冤啊，谁让我第一个回来呢，没有任何人给我证明，她们更加怀疑是我了。我也不知道怎么去证明我的清白。最后，为了证明我的清白，我只能去派出所验指纹了。第二天，我就让她用塑料袋将钱包装好，拿去派出所验指纹了。这是证明我清白的唯一办法了。否则我就一辈子背负‘贼’的名声了。但是到现在为止，派出所的结果还没有出来。”

“嗯，通过你的描述我认为也只有这个办法能证明你的清白了。等结果出来了不就真相大白了吗？”

“我也觉得是，但是要是查出来有我的指纹，那我不就更加洗脱不了罪名了。”

“如果你没有拿她的钱包，肯定不会有你的指纹。放心吧！”

“但是我怕我以前拿过，现在不记得了怎么办？”

“如果是很久以前的话，留下的指纹可能早就不见了，关键是这两天你有没有碰过！”

“那如果验出来没有我的指纹，有的同学也会说我作案时用橡胶手套或塑料袋将手包起来作案，那怎么办？”

“不会吧！你只是一位学生，又不是那些惯犯！不太可能会有这样的行为。这个你就不要多疑了。对了，发生这件事后，你们班主任怎么处理？”

“班主任说这件事可能永远都不会有结果了，让我做好心理准备。”

“是吗？嗯，确实很有可能！”

“我跟班主任说我很难受时，班主任很生气地说，难道被盗的同学就不难受了吗？我明显感觉到班主任也怀疑是我！”

“班主任以前对你如何？”

“一般吧！比现在好！”

“哦，可能是你们班主任为了这事也很烦吧！”

“我现在就是很烦这件事，我觉得很难受。她们个个都说是我偷的，在这个阴影里生活和学习，我真的受不了。真希望指纹鉴定结果快点出来。”

“只要你没有偷，不管别人怎么说，起码从良心来说，不应该自责吧。没偷就是没偷，早晚都会水落石出的，这点你必须要相信！你从这个角度去思考和理解这件事，我相信你内心会好受些的。”我宽慰她。

“嗯，也只能这样了！”

“其实，在这个世界上生活，总会有被人冤枉或诽谤的时候，但‘身正不怕影子斜’，只要自己是个正直、品质优秀的人，不管别人怎么冤枉或诽谤你，最终都会真相大白的。要相信自己！别人不相信你，起码老师是相信你的。”我再次宽慰她。

“好的，谢谢老师信任我！”她终于露出了一丝难得的微笑。

“不客气，等结果吧！如果有任何事情可以随时再来找我。”

“嗯，谢谢老师！”

调查结果

此后，我跟她们班主任有过沟通。班主任说派出所的人偷偷将她叫到一边后给她说：“凭办案的经验以及这个同学的描述和眼神，钱包十有八九就是她拿了，不用验了，验出来问题更麻烦。就这样一直拖下去吧。”

后来她再次来找过我，我告诉她：派出所非常忙，这种事在他们那里是小事，他们一天忙着处理大事都处理不完，哪有心思处理这些小事啊！可能永远都不会有结果了，他们不会帮你验的。听了你的情况后，老师是非常相信你的，走自己的路让别人去说吧！

辅导后记

虽然我用善意的谎言欺骗了她，但这是没有办法的办法。我相信她通过这次事件也得到了一个很大的教训，起码内心也经受了痛苦的煎熬。可能这就是成长吧！今天我把这个案例讲出来，目的就是告诫同学们，任何时候都不能做违背良心的蠢事。其实大家换位思考便知，想想被偷者的心情如何，换了是你的东西被偷了又如何。我鼓着勇气将这个案例写出来，也是真心想告诫那些有类似行为的同学，“要想人不知，除非已莫为”！任何时候都不要有侥幸的心理，否则长大后你将后悔不已。另外，那些已经犯过类似错误的同学也不要再自责了，但是要保证从今以后不再做类似的事情。每一个人在小的时候都会做错事，这是成长中很正常的事，关键在于知错能改！

真情寄语

知错能改，善莫大焉。

·后记·

“中学生心灵自助丛书”从构思、写作到出版经历了整整十年的时间，是我们在一线从事中学心理健康教育工作的一个思考和总结。丛书自2007年4月首次发行以来，得到了广大读者的热心支持，我们收到了很多热心读者的来信。本次修订吸纳了大家的建议，对书稿内容进行了完善，并对因政策调整导致的过时内容进行了修改。希望你们喜欢并从中受益。

众所周知，中学心理健康教育的最高目标就是培养学生“助人自助”能力。我们这套书就是为了达成这一目标而努力的，期盼读者能从书中获得所需要的各种心理健康知识、心理调节技巧和方法，从而更好地了解自我、认识自我、调节自我、发展自我，真正达到“助人自助”的目的。

“中学生心灵自助丛书”的第一版和第二版自出版以来已多次重印，累计销量近7万册。这是大家对我们辛勤耕耘的最大肯定和鼓励，我们将继续努力写出更好的读物回赠大家。

需要特别感谢的是，丛书出版后，得到了各级教育行政部门的肯定和支持。丛书2010年参加桂林市第四届教育科研优秀成果评选荣获著作类一等奖第一名；重庆市教委将《心灵之友：中学生心理健康DIY》选定为“重庆市2011年暑期中学生课外阅读推荐书目”；多个省市将丛书选入农家书屋和中小学馆配图书。

这套丛书能够顺利付梓，得到了很多领导、老师和学生的帮助。

我国著名教育家、中国教育学会原会长顾明远教授在百忙中为丛书作序让我们倍感荣幸、深受鼓舞。顾老先生为我们教育工作者做出了榜样，每次聆听顾老的教诲都是一次心灵的震撼和专业素养的提升。“活到老学到老”的终身教育理念在顾老身上体现得淋漓尽致。90 多岁高龄的他每天坚持锻炼身体、看报、写微博、使用 iPad 上网等，让我们敬佩不已。借此机会表达我们对顾老先生的敬意与感谢！

我们在心理学领域走过的每一段路都离不开各个阶段很多老师的精心栽培和悉心教导。广西师范大学心理学系的全体老师带领我们走进了心理学的殿堂。大学期间，与白先同教授、沈阳副教授、文萍教授、李宏翰教授、陈振中教授、韦义平教授、苏思慧副教授、余欣欣教授、廖昌荫教授、熊宜勤教授、高金岭教授、孙杰远教授、吴素梅教授、莫文副教授、邓健副教授、秦素琼副教授、韩振华副教授、庞彬讲师和罗钢书记等前辈的学习与交流，让我们掌握了扎实的心理学理论基础。高永金在北京师范大学攻读硕士学位期间，还得到了檀传宝教授和傅纳副教授两位导师的悉心栽培，以及授课老师顾明远教授、许燕教授、王定华教授、马建生教授、张春莉教授、苏君阳教授、朱志勇教授、余清臣教授、张立成教授、朱志敏教授、熊晓琳教授、裴纯礼教授、王工斌副教授、苏立增副研究员、焦青副教授、马利文副教授、邓林园副教授、郑葳副教授、李亦菲讲师、李蓓蕾讲师、董敏教授等的帮助和指导。他们是我们走入心理学领域的引路人，没有他们悉心的教导，就没有我们的今天，也就不可能有这套丛书的问世。

最后，要特别感谢首都师范大学附属桂林实验中学为本书画漫画的学生们。他们心灵手巧地绘制的一幅幅漫画插图增添了本书的趣味性和可读性。他们是唐映雪、李丝丝、李京蔓、严淑凡、王雪、刘浩宇、陶青、汤玉洁、胡又嘉、于蕾婷、林骏翔、王蔚、王思廷、伍刘牛、史格骏、王磊、邓秀美、银珂、孙鹂、杨娅婷、黎斯恩、肖扬、王丽洁、张淳彬、赖博文、黄婧欢、廖婷玉、彭钰、叶露、吴秋华、余柳燕、廖楼云、刘香妍、廖书海、何可欣、文叶飞、朱晓泉、赵锦龙、王君豪、陆徽、张伟垚、文岐睿、罗尹祉东等。在此，向他们表示由衷的谢意！

衷心感谢广大读者对本丛书的关注和支持，正是有了你们的分享、交流与成长，才给了我们源源不断的信心和动力，祝愿大家身心健康、生活幸福！

高永金　张　瑜

2020 年 3 月